BEACH MONEY

海滩财富论

网络营销实现理想人生

[美]乔丹·阿德勒◎著

王丽梅 孟凡奇◎译

石油工业出版社

内 容 提 要

《海滩财富论：网络营销实现理想人生》不仅是一本书，更是一种生活方式。作者用自己的故事激励我们去发现、去实现那些我们力所能及的可能性。传授你迅速增加收入、摆脱忙碌的工作日程的奥秘，从而帮助每个人能在海滩或其他我们憧憬的地方过上梦想中的生活。

本书适用于经管人员、创业者、投资者阅读。

图书在版编目（CIP）数据

海滩财富论：网络营销实现理想人生 /（美）乔丹·阿德勒著；王丽梅，孟凡奇译. —北京：石油工业出版社，2020. 11

书名原文：Beach Money: Creating Your Dream Life Through Network Marketing

ISBN 978-7-5183-4098-9

Ⅰ. ①海… Ⅱ. ①乔… ②王… ③孟… Ⅲ. ①网络营销 Ⅳ. ①F713. 365. 2

中国版本图书馆CIP数据核字（2020）第106159号

Original title: Beach Money: Creating Your Dream Life Through Network Marketing
by Jordan Adler
Published by Motivational Press, Inc.
Copyright © 2017 by Jordan Adler
All Rights Reserved.

The simplified Chinese translation rights arranged through Rightol Media（本书中文简体版权经由锐拓传媒取得Email:copyright@rightol.com）

本书经美国Motivational Press, Inc.授权石油工业出版社有限公司翻译出版。版权所有，侵权必究。

北京市版权局著作权合同登记号：01-2020-5468

海滩财富论：网络营销实现理想人生

[美] 乔丹·阿德勒 著　王丽梅 孟凡奇 译

出版发行：石油工业出版社
　　　　（北京市朝阳区安华里二区 1 号楼 100011）
网　　址：www.petropub.com
编辑部：(010) 64255933　图书营销中心：(010) 64523633
经　销：全国新华书店
印　刷：北京晨旭印刷厂

2020年11月第1版　2020年11月第1次印刷
880×1230毫米　开本：1/32　印张：8
字数：120千字

定　价：68.00元
（如出现印装质量问题，我社图书营销中心负责调换）
版权所有，翻印必究

序

《海滩财富论：网络营销实现理想人生》作为在网络营销中创造长期成功的路线图——创造职业自由、剩余收入和令人满意的工作，同时为许多人的生活增添价值。早在这本书出版之前，乔丹就认为它的目的是双重的：

◇ 向读者发出行动号召，激发灵感并提供指导。
◇ 通过将图书销售利润导向一个特殊的事业，来触及更多人的生活。

KIVA是一个非营利组织，帮助个人把钱借给穷人。它的使命是通过借贷来帮助人们摆脱贫困。这是通过小额融资（向世界各地贫困社区的杰出企业家提供小额贷款）完成的。《海滩财富论：网络营销实现理想人生》图书销售利润用于循环贷款基金，以不断增强企业家的能力，他们可能没有基础设施或享受网络营销的自由，但为了支撑他们的家庭，让他们的社区摆脱贫困，他们有激情和信念去经商。当他们偿还贷款时，这些钱马上就借给下一个企业家。

迄今为止，通过这个项目的努力已经贷出了超过300000美元。你正在帮助我们实现"卖出一百万册"的目标，然后每月会持续为成千上万的人提供资金。感谢您为这份改变世界的遗产做出贡献！

《海滩财富论：网络营销实现理想人生》升级版序

《海滩财富论：网络营销实现理想人生》一书自2008年出版至今已经售出了50万册，每个月连续卖出3000～8000册。《海滩财富论：网络营销实现理想人生》具有如此的生命力，这多亏了你们。我最近到墨西哥的坎昆，第二天晚上，一对二十岁左右的夫妇向我走来，用结结巴巴的英语说，"您是乔丹·阿德勒？"他们从哥伦比亚来，购买并阅读了《海滩财富论：网络营销实现理想人生》。他们与来自拉丁美洲的其他600人一起参加领导力的活动，大多数人都读过我的书。接下来的四天，来自洪都拉斯、墨西哥、哥伦比亚、尼加拉瓜的孩子们过来向我介绍他们自己并与我合影。

南森是我在加拿大的朋友，已在其公司担任高管多年，他买了6000册《海滩财富论：网络营销实现理想人生》发给他的团队。他有一支全球范围内增长最快的团队。

2009年，苏珊娜在一次网络巡视时，听我说到《海滩财富论：网络营销实现理想人生》，她买了这本书，读完以后立即决定她要生活在海边。两年过去了，她从欧洲搬到加勒比海岛，她住在那里创建网络营销事业。

在照片分享网站上有成千上万的网络营销者在海滩阅读《海滩财富论：网络营销实现理想人生》。我非常骄傲，我知道这本书触动了这么多的心灵，感觉很好。

《海滩财富论：网络营销实现理想人生》如此风靡一时，我决定出版另一本书，包含更多的故事，不同的视角。在我思考了好几个月第二本书的名字后，有次我和朋友围坐在火旁，一个朋友问我第二本书写的什么。我已经审查了40多个标题，有些很好，有些不准确。我回答他说："我能告诉你的就是它比《海滩财富论：网络营销实现理想人生》要更好。"他说："比《海滩财富论：网络营销实现理想人生》还好？"我说："绝对！"这样我的新书有了名字。就是《比海滩财富论更好》（中文译名：《海滩财富论2.0》），你可以在网站 www.beachmoney.com 了解这本新书的更多内容。

前言

这本书是为你而写的。我故意不进行专业编辑,因为我想让它"读"起来就好像我和你进行私人谈话一样。如果你是一个受过良好教育的人,非常好,但是你不需要觉得自己读书聪明才能在网络营销中创造一个巨大的额外的被动收入。这些年我读过很多难以阅读的书,因为作者都找了好的写手让他们看上去绝顶聪明。

我宁愿让你从这本书中得到很多,而不是让你把它放下,然后说,"乔丹那个家伙真的很聪明"。我希望你能从书里的这些文字中得到启发和鼓励。

你读的所有故事都是真实的,名字也没有改变。我喜欢本书中描述的所有人,因为我从他们身上学到了很多东西。他们是我成功的原因,也是我写这本书的原因。

没有必要记笔记,我希望你可以坐下来享受它。阅读时,你会得到你所需要的东西。海滩上见!

致谢

我要感谢你们……

你们是我的朋友,带给我无限的灵感和理由写这本书。我将你们每一个人都看作投稿人,感谢你们的建议、鼓励、领导、热爱。没有你们,我不会写出这本书。

我的父母,他们非常爱我,他们是我坚定的榜样。

我的姐妹奥德利和唐娜,伴我成长最好的伙伴。

杰基和朱迪帮助我看到真实的世界,通过网络营销一切皆有可能。

我尊敬你们,感谢你们帮助我创造了我的梦想人生。我永远感激你和生命中那些把你带到我身边的人。

目录
Contents

第 1 章	海滩财富	1
第 2 章	快速致富，漫长的道路	7
第 3 章	那天雨点打湿我的梦想	19
第 4 章	"你那样挣不到任何钱！"	27
第 5 章	乔丹是个矮个子！	35
第 6 章	数字不撒谎	41
第 7 章	如何挣大钱，无论工作与否	57
第 8 章	我缩短工作时间，每小时薪水增长了！	63
第 9 章	挣钱的几个方法	69
第 10 章	微小的思想转变如何变成银行存款	73
第 11 章	尿床意味着什么	83

第 12 章	新观点	91
第 13 章	一天动量冲击	107
第 14 章	名片盒市场（金钱真的长在树上！）	119
第 15 章	你会疑惑！	129
第 16 章	我如何将小纸片变成 100 美元钞票	135
第 17 章	一美元标尺解决方案	143
第 18 章	如何通过盈亏平衡获得真正的财富	147
第 19 章	"请到这边来，给你看点东西！"	155
第 20 章	为什么多数失败了	161
第 21 章	管理你的团队	171
第 22 章	网络营销"做"与"不做"	179
第 23 章	创造海滩财富的策略	187
第 24 章	自由	213
乔丹问答		219
推荐阅读		241

海滩财富论
网络营销实现理想人生

第 1 章
海滩财富

大约5年前,我已经用教练和咨询客户填满了我的日程表,那时我才意识到,我能挣到收入,唯一的办法就是利用我的时间。在过去的两年中,通过我的网络营销业务,我的时间被加了杠杆。我想不出一个更好的办法加杠杆!在短短两年内,我拥有了超过上千名的团队成员,挣到六位数的收入,且这一数字正在迅速增长。我的大部分收入是通过别人的努力产生的。我现在挣的钱比我以前挣得多,我有更多的时间来做自我保健、旅行和志愿活动。

凯西·帕傲
生产力顾问和商务教练
华盛顿州　雷德蒙德

第1章
海滩财富

当我还在构思这本书的时候,先向别人说了我拟的书名。我说,"这本书的书名是《海滩财富论:网络营销实现理想人生》。"他说,"你的意思是我可以去海滩,还能继续挣钱?"我说,"完全正确!"然后他说,"我必须读读这本书!"书名表达了一切。

你大概对网络营销知之甚少,甚至不知道是什么。但由于书名的原因,吸引你拿起书本开始阅读。毕竟,谁不想拥有海滩财富呢?

海滩财富意味着工作一次就可以不断地从中获得收入。海滩财富允许你去海滩生活(随便你想去哪里)并且不管是否工作都会有报酬。海滩财富并不是说努力地工作挣钱,海滩财富也不意味着聪明地工作挣钱。海滩财富根本就不是为了挣钱而工作。事实上,海滩财富是100%的被动收入。被动收入是忠诚的收入，日复一日，月复一月，年复一年地滚滚而来。

当你有了海滩财富，你就有了完全的自由，过你想要的生活。你开始和最喜欢的人一起出去闲逛。当你有了海滩财富，你就可以睡大觉或休息一个星期。你可以买任何你想买的东西。你可以生活在海边，森林，山谷或沙漠。你也可以选择周游世界以及异国探险。

不管你现在做什么，了解它都是很有趣的，因为你正在获得报酬！当你在商场购物的时候，你在获得报酬。当你在电影院的时候，你在获得报酬。当你在与家人外出就餐的时候，你在获得报酬。当你在打高尔夫的时候，你在获得报酬。当你在山中驾驶的时候，你在获得报酬。当你划水的时候，你在获得报酬。当你睡觉的时候，你在获得报酬！想象一下，每一分钟都会有几个硬币存入你的银行账户。我有一个获得海滩财富的好朋友。当他的妻子进来叫醒他时，他正在电视前面睡觉。他说，"宝贝，让我单独待会儿，我在挣钱！"其实你喜欢海滩财富，但是你不确定它是否适合你，因为你不知道是否能获得它。换句话说，你确实喜欢不管是否工作都能获得报酬的想法,但是你不相信像你这样背景的人也有可能。很明显你不追求获得海滩财富的机会,你将不会拥有。你大概将像很多人一样花费整整一生在一份工作或传统业务上勤奋努力。你度过你的大部分生命"只是过得去"。

如果你幸运,很好。但是如果你像很多人一样,在生命的某个时点,会出现一些事情让你完全脱离轨道。比如,你可能失去工作或减少很大一笔收入。你的亲人生病而没有足够的保险。你自己做生意,你可能会因一场官司受到打击或经历市场的变化。这些情景我们不愿意去想,但是我们都知道我们的生命中可能会失去收入,但账单不会停。我已经看到很多朋友,因为工作中意想不到的剧变,经历财务困境。而海滩财富可以帮助你度过一些艰苦的时期,同时带给你资源,按照你选择的方式生活,不会活在薪水的担忧中。有很多方法创造海滩财富。你可以购买租赁房产,买自动售货机,或开自动洗衣店。你可以固定利率放款,成为缺席的股东,或加入一个网络营销。花时间学习如何创造海滩财富是值得的,因为你一旦掌握了它,你的余生将获得自由。

接下来的几年,你会学习构建和增长一项生意的艺术,创造海滩财富的生意。有成千上万的企业家已经构建了海滩财富,收入每个月5000美元,10000美元,20000美元,50000美元,甚至100000美元。你可以变成那些经历与线性收入抗争真正获得自由的少数精英之一。如果你每个月有10000美元收入,而且你不用去工作就能获得,想想你的生活会怎样?

海滩财富让你在地球上自由,没有任何事情像它一样。我相信你总是能得到你关注的东西,投入精力。多年来,我关注如何在工作中挣钱,通过提升或换个更好的工作增加收入。我的财富增长缓慢,在最好的情况下,我的收入每年增长10%左右,直到我的公司裁员或由于预算降低工资。而我关注了海滩财富以后,奇迹发生了。短短的几年内,我有了被动收入,开始增加,增加,不断增加!今天我每个月的海滩财富收入是我最后一个工作年薪的4倍!我关注并调整我自己与被动收入的机会保持一致,而不是线性收入。如果你投入精力,你总是会得到你关注的东西。

海滩财富论
网络营销实现理想人生

第 2 章
快速致富,漫长的道路

2005年初以来,我一直在网络营销领域工作。在做了销售、领导力研讨会、心理学家等几个用时间换钱的职业之后,我终于找到了这种商业模式。对我来说,它的神奇之处是我只需要按照所教的去做,保持简单,并把它教给别人。保持简单是我最大的一课!结果是,我有一个全球的团队,和朋友们一起分享我的激情。我在2005年做的工作,此后每一年都获得报酬。杠杆剩余收入是一种不同的收入!作为婴儿潮时期出生的人,这个业务为我退休金的增长提供了保障!

盖瑞·惠利

网络营销专业,博士
亚利桑那州 塞多纳

第2章
快速致富，漫长的道路

你可能像我一样，试过了大量不同的方法去挣钱。你可能已经有朋友请你看看某个生意点子，包括招聘其他人，你可能被承诺能挣大钱。你可能在咖啡馆遇到过某人在黄色的盘子上画出几个圈圈，计算你的收入如何快速增长到每月上万美元。你可能已经读过关于一个超级富翁的"构建你的生意"。

最后，你大概签了几个不同的公司，听他们的电话会议，读他们的培训材料。你兴奋地跟朋友和家人分享，只是被告知，"在类似的诡计里，我的邻居失去了全部的积蓄。"或者，"这些事里，只有在顶端的人能够挣到钱。"你希望详细承诺，但是每一次你都紧张地失去勇气，还有一群令你心烦的朋友和亲戚。

1980年，我在一家车库里拿起一本关于网络营销的书，

售价25美分。虽然从别人的工作中挣钱的想法听起来很有吸引力,但我对这个行业一无所知。我更不会知道在这本25美分的书中承诺的财富会圆满获得,并且在28年后我能与作者的夫人交谈并表达我的感谢之情。那本小书给了我基础,一段最终带来每年超过一百万美元被动收入的旅程。但是这段旅程并没有一夜之间发生。

1982年,我注册了我的第一家网络营销公司,提供海藻制成的营养品。我看到一个年轻健壮的小伙子,跟几个听众讲解服用这些有鱼味的小绿胶囊的好处。他告诉我服用海藻有利于健康,有些人每个月摄取4罐绿色海洋植物可以减轻体重。他一步一步地向我展示,如何通过跟他人分享这些鱼味胶囊获得收入的增长。这听上去非常不错!

22年的市场思维帮助我推理出《国家询问者》的读者需要减肥。于是我注册了邮箱,并做了400美元的小广告,我期望接下来的几个星期,我的邮箱里会塞满30美元的支票。但是,我的预测出了偏差。我一个海藻的订单也没收到。四个月以后,公司的创始人去世了。等到所有的事情结束,我依旧一张支票也没见到。

第2章
快速致富，漫长的道路

但是我上瘾了。我喜欢上了跟别人分享一个产品或服务并从中获得报酬。我还喜欢给别人提供机会并让他们获得收入提成。听起来真的很棒。

接着我答应一家销售3D镜头的网络营销公司。我热爱技术，这是正确的路。令我兴奋的是，我要参加一个公司的机遇见面会。可我没有钱，起步费是100美元，镜头成本295美元。我只能收集所有剩余的便士，因为我得买镜头。我邀请了一个朋友一起参加会议。他也喜欢这个概念，但跟我一样没钱，于是他没有签协议。我找到其他的两个朋友，而他们说这看着像一个金字塔结构。之后，我便没有跟任何人谈起这一想法了。我决定从我的导师那里获得些建议，便按照约定好的时间来到他家里。我站在前门，他光着身子答应着，他的妻子和四岁的孩子也没穿衣服。我不太习惯这样，他看上去像米克·贾格尔。我离开他家后就再也没回来。看来，3D镜头的生意不适合我。

我继续阅读关于网络营销的书。我开始学习寻找一个导师、一个公司。我开始理解构建一个成功的团队要做什么以及如何挣钱。几个月以后，我决定再试试。在一次业务展览会上，我遇到一对夫妇，他们经营一家提供打折的旅行套餐的小旅行社。我对旅行非常痴迷，于是我想这可能真的打动了我。我付了100美元加盟费并且开始邀请我的朋友参加介绍会。我还做了一个小的广告寻找其他有兴趣旅行的人。我的电话开始响起来，我便邀请几个人出去看看。没人有兴趣加盟，但是事情看似有保障，所以我又干了两个月。然后公司关门了。我的业绩记录始终没变。

这时候，我决定我得回到传统路径，我还只有二十多岁，在一家新开的小航空公司找到了工作，做客户服务和培训。航空公司有企业精神，而且发展得非常快，每个人都可以创建一个部门运营。我开始了预定销售培训项目，每个季度培训上百名新的预定用户。这非常有趣，而且真正让我充满创造性。但是我的工资每年只有14000美元，连付账单都很难。

在航空公司的时候，我发现了一个巨大的需求。成千上万的年轻人想成为空乘人员，但是他们不知道在航空公司竞争激烈的环境中，如何获得这份工作。于是我开了一家小公司，专门培训年轻人成为空乘人员。我做了五个课程，每次

第2章
快速致富，漫长的道路

三小时，每人再次收费49美元。我的课程在任何地方都有10到50人参加，我开始挣了一小笔钱。但是航空公司认为我所做的事与公司的利益有冲突。我得到了第一个政治任务，被要求"立即停止"。

这期间，我通过好朋友加入了另一个网络营销公司，基本上什么都卖。主意好像不错。我可以介绍别人加入。公司大概已经持续经营了30年。它有业绩记录、有很好的培训课程、有真正吸引人的机会展示，所以我再次加入了。

他们告诉我要扔掉所有负面的物品，开始从公司订购。我现在开始从我的个人生意中买所有的东西，从卫生纸到车蜡。这一次，我花了10000美元加盟费以及购买其他网络营销公司的产品，但没挣到任何钱。最后这家公司告诉我做每周听磁带、每月读书的项目，成本是每月40美元。我还定了每月200美元的家庭产品。我告诉朋友和家人我的生意，但没有人愿意跟我签，我是我的生意唯一的客户。我学会了每周至少听一个个人发展的录音。每次我进到车里，就会打开录音机。我每天至少读一页励志的书。一年以后，我已经花了5000美元，但却没有从我的新生意

上挣到一分钱。

这种可怜的模式持续了10年时间，前后共经历11家不同的网络营销公司。我一次又一次地兴奋然后失落。我从来没有发展过一个人，也没有收到一张支票。事实上，10年来，我大概花了30000美元在所谓的"教育"上。我用成箱的产品、小册子、磁带、书、研讨会传单堆满了亚利桑那州的那间小小的卧室。

偶尔，我还会再读读这些培训信息，在每一家公司的承诺中获得兴奋。我真的很难再试了。我无法释放梦想，获得收入，然后自由去旅行、娱乐、周游世界。

一次次的失败证明，我并不适合这种网络营销的事情。实际上，每次我加入一个公司，我的朋友都会嘲笑我。我因为加入公司、兴奋、退出而声名远播。有个老板说："乔丹，你的脑子别糊涂了，没有人从那些事上挣钱。"

我父亲痛恨我在这些网络营销公司上花钱。他说我被骗了，这些都是诡计，我该找一个好工作。有一年感恩节，在餐桌上，父亲问我准备做什么，我告诉他我要做最后一个公司。这可真是大错特错。我们在争吵中结束了当天的晚餐。我愤然离席，摔门而去。感恩节快乐！

正如你看到的，我们大概非常相似。我曾经经历了所有险恶的事。我曾经被捐助、被嘲笑、被亲人忽视。我加入了那些失败的公司，花了几万美元，没有人愿意这样。但是由于某种原因，我只能不断地去尝试。

我从来没有放弃梦想

1990年夏天，我正在休假。一个周六的早晨，我驾车来到南加利福尼亚的海边。我沿着路牌指示来到海滨城市。当我转向太平洋，瞥了一眼人海时，我突然感觉异常的激动，我于是很快在街上找到停车点，停下了车。

两个冲浪运动员穿着潜水服光着脚走向海边。我停下了吉普车，一个漂亮的女孩滑着滑板跳到我前面的路边，加入其他的滑板选手中。我能听到海边传来的音乐声。我打算第一次体验加利福尼亚的威尼斯海湾。鼓点的韵律回荡在沙滩上。令人愉快的微风轻轻从海面吹来。远处，可以看到很多好莱坞的电影里曾出现过的圣塔莫尼卡码头和摩天轮地标。威尼斯海湾的声音和气味如此的熟悉。一个被人群簇拥着的漂亮的女士弹着竖琴、唱着歌，麦克风连着便携式的喇叭。再走几步，一群街头艺人招呼游客走近一点，他们可以用街头的魔术娱乐她们。我走过几个摊贩，闻到了芬芳的烧鼠尾草味道，几个嬉皮士在售卖一美元一捆的鼠尾草，和扎染的T恤以及头巾。他们的音响里播放着鲍勃马力的音乐，气氛就像狂欢节。太阳是温暖的，大海的微风吹拂着我的皮肤。我如此愉快，饶有兴趣地看着所有惊奇的人们享受他们自己的周六午后。我来到一家室外咖啡馆，与之相邻的是提供水果昔和小麦酒的果汁店。咖啡豆与大海的味道美妙地混在一起。一只小狗耐心地等着主人从咖啡店出来，他们可以去木栈道与其他小狗玩。

我拿着咖啡继续沿着海边走，真是完美的一天！我喜欢！我想要所有的时间都这样，我禁不住遐想起来，"这些人靠什么生活？"我假设一些可能是来度假，另外的人住在附近。我注意到有人从海边数百万美元的房子的露台上探出身子,放松地看着游客在木栈道上来来回回。他们怎么挣钱?他们怎么能住得起这里?正当我思索这些事情时,我开始梦想拥有"海滩财富"会是什么样。会是什么样呢?

海滩财富论
网络营销实现理想人生

第 3 章
那天雨点打湿我的梦想

当我发现网络营销的时候,我是一个有两个孩子的母亲(有一个在肚子里),同时兼任三个诊所的全科医生。当我听说有创造额外收入的可能性时,我立刻想到:哇!现在我可以有自由时间了!这就是生活的全部意义。他使你拥有决定你与谁共度时光的能力和自由,帮助你去世界上想去的任何地方。那是一件美丽而神奇的事。网络营销是给我这种自由的终极载体。我疯狂地爱上了这个职业,因为它为我建造了美好生活。我可以和像乔丹·阿德勒这样很棒的人建立美好的关系,同时还能获得额外的收入。我永远感谢这个令人惊叹的职业。

丹娜·麦迪博士
顶级网络营销领导者、作者
佛罗里达州 棕榈港

第3章
那天雨点打湿我的梦想

我十分沮丧,感觉失去了目标,但我不打算做任何偏激的事。这是亚利桑那州坦佩冬季一个下着毛毛雨的夜晚。这么多年,我已经阅读了所有我能拿到手的自我激励的书,但都不能帮助我。那个雨夜,我仔细考虑我这么多年的奋斗:财富上没有丝毫的进步;我所处的每一段人际关系似乎都以令人失望的分手收场。最重要的是,我期望在我30岁之前,生活有很大的变化,可到目前为止我完全失败了。没有一件事是对的。

我穿上一件T恤,来到后院。天气阴沉、寒冷、潮湿,地面湿透了。我走了一会儿来到铁路边,它径直穿过房子的后面。我开始在雨中沿着铁轨漫步,注视着我的生活目标。这可不是一个能够获得激励的正能量的环境。灰蒙蒙的夜晚,一股湿冷的寒风从西边吹过来,打断了我的思路。我沿着铁路大概走了5千米，寒风打着旋掠过我的身边，雨滴再次落下。

我问自己，为什么我不能把生活变得更有效率呢？我回想起我多年来读过的自我激励的书籍。很多书都建议我将自己的生活梦想写到日记里。最成功的作家说，如果你希望创造生活的奇迹，你必须首先写下来，就像建筑师写出他的计划后，再去建设一栋房子。这些年我已经很多次想要尝试，但是我从来没有做过。作者都说通过将我的梦想书写在纸面上，我就可以请求宇宙将我渴望的东西带给我。他们建议我用现在时写，好像它们已经发生了。但是由于一些原因我从来没有做过那些练习。

回到家收拾完毕，我决定采用这些建议。第二天，我就到商店买了一个日记本和一支笔，向机场出发。我在一家航空公司工作过，有飞行优惠，所以我跳上一架飞往科罗拉多大峡谷的小飞机。我已经在亚利桑那州生活了五年却从来没有参观过大峡谷。当我走下飞机的时候，清新凉爽的空气沁人心脾，四周松树环绕。我跳上一辆穿梭巴士，它把我在峡谷边缘的一个小停车场放了下来。没有哪张明信片和照片可

第3章
那天雨点打湿我的梦想

以拍摄出科罗拉多大峡谷的美丽。

拥抱了令人惊叹的美景后，我走进森林深处，3千米后的一棵老橡树下非常安静。我坐在地上斜靠着树干，拿出新的日记本和笔，开始写自己生活的故事，就好像它已经发生了。我用现在时书写，文字生动而且清晰。我的笔触是活泼、充满生气的。我描述了我的个人生活、我的职业生涯、我的梦想和渴求。我从身体上、心理上、精神上和情感上都描述了我自己。

大约写了两个小时，开始变天了。亚利桑那州的山上，天气变幻莫测。开始刮风后，温度骤降了20度。天空瞬间变得阴暗下来，积云从山顶形成，温度又下降了10度。我觉得应该赶快回去，可能要下雨了。事实证明我是对的，几秒钟过后，开始下雨。雨水冰冷，狂风不停。

我尽量保护着日记本，不让它淋湿，但是纸张还是浸水了。我沿着峡谷的边缘快速地往回走，因为温度骤降了35度。当我进入温暖明亮的旅馆时，雨变成了冰雹。我打开日记本，一些墨水已经在潮湿的书页上散开了。

房间巨大的壁炉里燃烧着火焰，让房间充满了热情。

我坐在火边华美的靠垫上，继续书写我的生命故事。接下来的几个小时，我在未来的生活中迷失自我，但是正如我所写的，我开始在我的思想里认为那些已经发生了。后来我认识到这是整个旅程最重要的时刻。

我回到飞机上，直奔凤凰城。就像那些自我激励大师建议的那样，我将我的日记放在茶几上，那是用两块煤渣砖和一块木头做成的。在接下来的一年里，我每天晚上都要读一到两页纸。每次读它，我都变得越来越兴奋。我焦急地期待着我的新生活。

一年过去了，我的日记里的事没有一件实现。一件也没有。我觉得被骗了！我又一次失败了。我怎么了？我拿着那本日记本，把它扔进了壁橱的一个盒子里，然后把它抛之脑后。

七年后，当我们把新家具搬进起居室里时，我对我的女朋友微笑着，这是我梦想中在森林里的家。我的新家是一座美丽的山上的原木寓所，带着巨大的环绕式甲板和大教堂的天花板。依靠国家森林的土地，我的木甲板上长出了松树。空气清新、干净。当微风吹过，树叶哗哗作响，听起来就像

第3章
那天雨点打湿我的梦想

大海。空气是如此的干净，当你呼吸时，干净得几乎会伤害你的肺！在夜晚，银河看起来就像一缕烟雾划过天空。这是真正的天堂。

打开箱子的时候，我看到一个日记本放在一堆书上面。这就是我七年前在科罗拉多大峡谷写的日记。我打开日记本，读了前两页，开始哭了。这日记里的一切都变成真的了！我现在有了梦想的家、开着梦想的车。我身体健康，心情快乐。我有一个很棒的女朋友成为我生活的伴侣。我有每月超过3万美元的被动海滩收入，可以去世界的海滩旅行。我实现了我梦想的生活。我真的不知道为什么会这样，我不是心理学家或玄学家。但我知道，如果你拿起笔和笔记本找一个安静、鼓舞人心的地方，你可以在那里写几个小时，你可以做和我一样的事情然后每年继续做。考虑写下你未来生活的故事，用现在时态，好像它已经发生了一样。把你所有的恐惧、怀疑以及对可能发生的事情的担忧放在一边，只是写，好像你又重新回到童年，从你的心里发出梦想。写到你拥有了全部生活中想要的东西。然后每晚读一、两页纸，大约一年后，把它扔进一个盒子里。

海滩财富论
网络营销实现理想人生

第 4 章
"你那样挣不到任何钱!"

第一次见到乔丹演讲是在得克萨斯州达拉斯的一个网络营销策划活动上,当时我20岁,我和妈妈坐在前排做笔记。乔丹是第一批激励我发展大事业的人之一。今天,我在数千人面前演讲,领导着一个30多万人的团队。感谢乔丹为我们铺平道路!

莎拉·罗宾斯
畅销书作者
密歇根州　特洛伊市

第4章
"你那样挣不到任何钱！"

我们都听过那些怀疑的、刺耳的、负能量的、牢骚满腹的评论，这些愤世嫉俗的人似乎从来没有做过别的任何事情。每当我们听到一个新的机会，这些评论的回声让我们犹豫是否要采取果断行动。我相信，我在前11家公司的摸索中，失败原因有很大一部分是由于一种微妙但又令人不安的恐惧或怀疑。在犹豫的状态下，不会有任何伟大的成就。

悬挂式滑翔运动提供了一个很好的比喻证明这一点。想象一下，当你从山上出发时，如果你产生怀疑或犹豫，其结果可能是毁灭性的。事实上，有一次我看到一架滑翔机飞行员，在他已经要离开这座山之后，决定不起飞。在那关键的几秒钟，当他从山上跑下来的同时，他对起飞条件产生了疑问。他突然停住了，随后滑倒并跌落在陡峭坡道的边缘上。他跌进了岩石，幸运的是，他只是轻微受伤。犹豫可以导致任何生意拖延。当你对你的企业心存疑虑时,将很难吸引到客户。如果你想领导一家公司、吸引客户或提高自身收入,那么犹豫是一种很糟糕的状态。如果领导团队有坚定的信念,即使是平凡的企业也能获得巨大的成功。坚定的领导者可以迅速而容易地吸引其他领导人。在大胆的状态下,团队将会迅速成长。事实上,一个领导团队制定出任务,禁锢思维的条条框框就会消失。这就是个人和公司如何做到不可能的事。很多不切实际的传奇成为现实的伟大的成功案例,是因为一群人相信在不可能的情况下无所畏惧地分享他们的梦想。

当我们加入一家公司并开始工作时,如果我们对我们的产品、行业或个人技能有任何挥之不去的担忧,我们的结果将是平庸的。在大多数情况下,我们的脸上已经提前写着失败。我们过去的经历和与他人的对话所产生的挥之不去的疑虑将会破坏我们成功的任何机会。

"你那样不会挣到任何钱。"

"我不敢相信你花钱做那事!"

"只有顶端的人才能挣到钱。"

第4章
"你那样挣不到任何钱!"

"这些事都是骗局!"

"那只是一个纸牌屋!"

诸如此类的评论,一遍一遍在我们的脑中放映,继而产生怀疑、恐惧、犹豫。当这些自我破坏的状态接管我们,任何成功的机会都没有了。我们由于恐惧变得失去勇气,我们的本能会尽可能保护自己远离痛苦。除非我们彻底改变这种心态。

在我经营的第10个年头,经历了一次重新改组之后,我的观点转变了。让我最终获得成功。我在第12个公司开始像经销商一样工作,并邀请5个人参加公司商业介绍会听演讲。只有2个人来了。我将他们带到房间的前面坐在头排。(我曾经读过的《你那样不会挣到任何钱》中说,坐在前排的人挣钱最多。我每次都坐在头排,包括研讨会、会议、音乐会、业务陈述机会。)会议结束之后,我介绍我的两位客人给演讲者——公司挣钱最多的人(每个月大约6万美元)。虽然我从来没遇到过他,但我却像旧相识一样向他介绍我的客人。

几周后,我参加了一个巡回活动,前5名收入最高的人都在台上发言。我又一次坐在前排，在活动的最后，我带着我的客人们去见每一位演讲者。我表现得好像他们是我最亲密的5个朋友。持续做了6个月之后，我的团队开始成长。我当时在旧金山的一个活动上，所有的高收入者都在那里。这一次，他们第一次知道了我和我的名字。那天晚上发生的事为我奠定了今日的一切。

　　我一直坐在前排，并坚持把客人介绍给演讲者的行为让我有些声名狼藉。在会议结束后，一个高收入者邀请我与他和其他人共进晚餐。刚开始的时候，我每个月的收入还不到200美元。而和我共进晚餐的这群人，每个月都赚6万到10万美元。我从那天晚上的谈话中学到了不少东西。听着听着，我突然想到，这些人就跟我一样！他们讲了失败的故事，使我看起来很傻。他们中的一些人一生中不止一次经济破产。其中一个人更是在取得成功之前曾尝试过许多企业。他们友好并且有风度。他们甚至还把家里的电话号码给了我！他们分享的故事激励了我。杰·史密斯是公司里最受尊敬的领导者之一，他在晚餐时给了我一封个人的鼓励信。上面写到，"没有什么能比看到你提升更让我开心了！"我简直不敢相

第4章
"你那样挣不到任何钱！"

信！杰注意到我了！我开始觉得他们是我的朋友。重要的是，我真的开始相信我可以做到。

从第二天开始，我彻底抛下了顾虑，重新树立信心和信仰接洽生意。我想成为一个收入最高的人，想进入核心圈。我想去旅行，在白色的沙滩上漫步。现在，我终于知道我能做到了。从那一天起，我成了一个领导者，我开始吸引其他领导人。每当我遇到挫折，我就会和那天结识的新朋友打电话，得到一些鼓励。我会记得那天晚上，想象着和这群人一起旅行会是什么感觉，也许有一天会和他们一起分享这个舞台。这使我对海滩财富的未来感到兴奋。

海滩财富论
网络营销实现理想人生

第 5 章
乔丹是个矮个子!

第5章
乔丹是个矮个子!

在公司首次年会上,我看到收入最多的人走过讲台。我坐在人群中思考自己,我本来应该站在那里。很多人满怀激情和鼓舞地离开年会,而我却焦虑不安。但这正是我需要的激励。我决定年会再也不能坐在听众席里。我和我的团队发誓要站在讲台上,凭借优异的成绩获得认可,改变生活。两年以后,我的业务真的腾飞了。我接到公司总部梅妮拉的电话,问我是否愿意在下一个公司年会上讲话。我这辈子还从没在一群人面前讲过话!我与其他高收入的人一起站在讲台上的愿望真的实现了,我有点害怕。六年前,我想得到一个公司培训师的岗位。这是一个听起来十分不错的工作,而且不用在一大群人面前讲话!我申请了这份工作并得到了。

给我的班级第一次上课的时候,我非常担心讲话,开车的途中,我祈求最好遇到事故,这样我就不用面对学生了。

有人说公开演讲是人们最恐惧的事情，死亡排第二。我准备去死，这样我就不需要讲话了。

哎，我没有遇到事故也没有死。当我到了公司，我被老板推进一个坐满学生的教室，并开始授课。我想我做得相当不错。但是直到我被要求在年会上讲话，之前我面对的最大的群体就是四十个学生。我现在被要求在14000人面前演讲三分钟！接下来的两个月，我度过许多不眠之夜，不断修改我三分钟的讲稿。我一次又一次地排练每一个版本。我紧张得要窒息了。要是在这么多人面前忘词了怎么办啊？

年会的时间终于到了，我站在前面，面对激动一整天的人群。高能的音乐大声播放着，很多狂热的经销商随着墙上大屏幕播放的音乐视频拍手跳舞。我们被要求坐下后，活动开始。大约两小时后，我感觉肩上被轻轻拍了一下。我要进入后台了。人群兴奋和期待。高收入精英们在后台互相祝贺并鼓励我。我紧张得头晕目眩。我最大的梦想和最大的恐惧汇集在一起。我被告知要走到舞台后面的台阶上。

我听到主持人的声音，"女士们先生们，让我们热烈欢迎来自亚利桑那州的乔丹·安德烈！"人群咆哮着、跺着

第5章
乔丹是个矮个子！

脚！我满怀感激。音乐声响起，我走到台上。穿过明亮的灯光看到体育馆内坐着成千上万的人，我突然很激动。我走到台前，膝盖都软了。为了保持平衡，我抓住了讲台，在那一刻，我意识到讲台高出一英尺。讲台的顶接近我的鼻尖。我向上看到巨大的音乐屏幕上，只能看到我的鼻子和眼睛！但是突然，讲台开始降低，水力学控制的！当它开始降低的时候，观众开始大笑。他们可能已经看到屏幕上显示的"乔丹是个矮个子"。

那一刻，我的思想完全断了线，而且忘了我的演讲词！我最大的噩梦出现了！但是很快就变好了。人群哄堂大笑。我有机会站在讲台上与高收入精英在一起，这都是生命的经验。那是培训和演讲这一富有的职业的开端。我已经有机会在全世界数百名听众和上万人面前培训演讲。我还是有点紧张，但是已经学会使用那种能量，将它转变成兴奋。

在公众面前演讲获得的奖励是难以形容的。我个人发展最令人满意的经历就是在人群前演讲。公共演讲是一种能力，能将你的职业带到新高度。我建议你马上开始公共演讲。如果你像我一样有点害怕，先从小的开始，不断扩大。

海滩财富论
网络营销实现理想人生

第 6 章
数字不撒谎

几年前，有人问我一个问题："如果没有降落伞，你会为了10万美元从飞机上跳下来吗？"当然，我的回答是"不！"他说，"太糟糕了，你错过了10万美元。我有没有告诉你飞机在地上的？"多年来，没有人告诉我飞机是在地面上的，所以我总是不去加入网络营销。但在我的朋友帮助我理解后，我便加入了进来！在这个职业中，如果你坚持不懈地努力，你就能获得六位数的收入。我怎么知道？因为发生在我身上，我亲眼目睹了许多人在加入，赚到的钱比他们想象的还要多！

戴玛·齐默尔曼
营销顾问
犹他州　盐湖城

第6章
数字不撒谎

如前所述,经历10年以及11家公司之后,我没有任何东西可展示,时间、能量、金钱,除了几箱子培训手册和一些旧的、发霉的、过期的营养品。我已经永远地放弃了网络营销行业。

后来我遇到鲁斯。鲁斯是个从事网络营销行业的年轻千万富翁。他已婚,有一个孩子。住在亚利桑那州斯科茨代尔数百万美元的房子里。他开着跑车,在年轻的时候就已经挣了100万美元。我们从来没有一起做过生意,但我被他巨大的成功吸引了。我们通过一个共同的朋友在咖啡馆相遇,他邀请我去他的家,参观他的家庭办公室,学习他的诀窍。他告诉我寻找由高大的棕榈树构建的巨型喷泉为地标的建筑物即是他的住宅。我把车开到他的环形车道上。我从来没有进到这样一个家。宽大的通道入口有四根白色的大柱子支撑。我跟朋友戴尔一起按响门铃。门很大,看上去很重。鲁斯穿着百慕大短裤和夏威夷衬衫将门慢慢地打开。他的家有10000平方英尺。接下来的30分钟永远地改变了我的生活。

他把我们带到他的家庭办公室,那里摆着很多他的家人包括他的妻子和孩子的照片,在世界各地的海滩。高大的书架堆满了数百本个人发展的书籍。那是个炎热的夏天,鲁斯递给了我们一杯冰水。

我们从鲁斯的家人开始谈论,但是我们的谈话很快就转向了业务。我告诉了鲁斯我的故事。我需要知道鲁斯在五年内所做的事情,这是大多数人在一生中未能完成的事情。他说,"在招聘的过程中,你需要准备招聘20~30个人。无论你是在房地产、金融规划、保险还是网络营销中都没有关系。你必须先招募20~30人。"他接着说,"你招聘的人三分之一什么都不会做,三分之一的人会做一点。三分之一的人可以赚到一笔可观的收入。通常情况下,他们中的一个会建立起数千人的一个团队。"

他告诉我,他曾见过许多人试图改变这些数字,但没有成功。他目睹了许多新来者试图通过举办研讨会和培训来激励他们行动缓慢的经销商。他说："最终，有些人会去做，有些人不会。你投入的所有精力和时间让你较弱的团队成员成长，都是浪费时间。你最好利用这段时间来帮助你积极的经销商，并招募一些新人开始创业。"

为了证明他的观点，他向我提出挑战，要求我找到一个成功的房地产经纪人，询问他或她需要招聘多少人能找到一个成功者。他说："几乎在所有情况下，答案都是20~30人。"然后他要求我加入一家优秀的公司，然后出去招聘20~30个人。他说我再也不用工作了！这有点难以置信，但我相信他，而且绝对愿意尝试一下。我不知道他说的是不是真的。但我知道当时我相信他，因为他拥有我想要的生活方式。

在我的生活中，我从来没有为任何事情招募过任何人。但我知道，如果我每周都能与三四个人会面，我肯定会每月促成一个。一个为期两年的计划，每个月促成一个人，在必要的二三十人之间会有一个人帮助我成功。

于是我加入了第12个网络营销公司。我在航空公司的管理部门任职，有六名培训师为我工作。除了我的午餐时间，我几乎没有时间去做副业。

我的新网络营销公司通过独立的经销网络经销电信服务，像远程、寻呼机和互联网服务。我成了这家公司的独立经销商。为了获得成功的收入，我需要找到20个长途客户，然后再发展其他人来做同样的事情。由于我的经销商组织成长，我可以通过培训团队以及电信服务的使用获得收入。在网络营销中，你的报酬来自你和你的团队每个月给公司带来的业务数量。

我制定了计划——每周会利用三次午餐时间，向潜在的新员工和客户展示我的商业计划。我会学习一个非常简单、二十分钟、一页纸的机会演讲；每周会安排三次约会，在位于坦佩的米尔大道办公室附近的咖啡馆。我的目标是把我的生意每周介绍给3个人（每月12个人），每月招聘一个人，持续24个月。这样我招聘20~30人，就再也不用工作了，鲁斯说的！

大约在我遇到鲁斯的时候，我住在20世纪50年代的一套三居室公寓里，有两个室友和一条狗。我的房租每月200美元。我开着一辆1987年的牧马人吉普车，前端破碎了。我的财产只有一个小的专业衣柜、吉普车、一架700美元的悬挂式滑翔机、一张床,还有一个用两块煤渣和一块木头做成的茶几。我当时的年收入低于2万美元。每个月都为了支付账单而挣扎。在这段时间里,我从来没有使用过电脑或拥有过手机。

月复一月,我将采取一种平衡的行动,以避免因空头支票在银行透支。我有一种哲学:我的目标是确保我的支票写的金额从来不超过我当时账户里的金额。这是一个很好的理论。如果我能找到一种挣钱比我花钱多方法,我就会保持良好的状态。直到今天,我从来没有平衡过支票簿。因此,月复一月,由于我的粗略误算,我有多次透支。事实上,有好几个月,我收到了3~12份透支的空头支票。有一次我去银行,出纳员没收了我的银行卡。

我需要一种方法来记录我的进展。我在卧室的墙上画了一个三英尺宽、四英尺高的网格,并把它分成了一百个方格。我公司的最高推广职位是执行董事(ED),我需要注册20个客户来获得所有的收入。我还读到,如果我能完成100个机会演讲,我就会踏上通往金融自由的道路。所以我把"ED"写在了网格的底部作为我的目标。在网格的顶端,我写了"找到20个",以表示我获得20个客户。在我目前的情况下,我的压力很大,所以我在网格的顶部写了"祝你开心",提醒自己不要把事情看得太严肃。

我在周二、周三和周四举行了午餐时间的商务会议。每次午餐后,我都会把日期写在网格上的一个方块里。我的计划是填满网格,并在网格被填满之前成为一名高管。每周我都瞥一眼我是否做了三场演讲。如果我错过了一些,我就会让自己在接下来的一周内完成。这就是我用的网格(见表6-1)。

表6-1 个人规划网格

开心　　　　　　　　　　　　找到20个

9/21	9/21	9/23	9/25	9/26	9/27	10/1	10/2	10/5
10/6	10/6	10/10						

ED

第6章
数字不撒谎

在我创业的时候，我是单身并且积极地约会。如果我遇到一个喜欢的女人，我会约她出去，然后邀请她回到我的公寓。我们会在房子里转一圈，当我们到卧室的时候，她会注意到床上面的墙上贴着的格子，上面写着"开心！"和"找到20个"。你可以猜出她的想法。而且她会问："谁是ED？"这并不容易解释！

好的，当我填满了网格，我的生意开始增长。我平均每个月要招聘一名新员工。有几个月招聘一个，有几个月两个，有几个月没有，但我专注于每月发展一个新经销商。我也在寻找机会在我的团队中为其他人举行会议。一开始，我通常是唯一愿意做任何工作的人，所以通常只有我自己。

我会和我认识的人约会并向他们展示我的商业计划，看看他们是否感兴趣。大约有十一分之一的人愿意和我签约，通常是在我们初次约会的几周后。这需要很大的耐心，因为在我的业务增长的早期阶段，几乎没有赚到什么钱。在每次约会结束时，我会给这个人一些文学作品读，我将在几天后跟进。我学会了相信一切都会按照它本来的样子发展。我没有在我的生意上花很多时间，但是我放弃了两年的午餐时间，这一行为没有任何保证，这是对我自己和我的信念的考验，也是我的机会。

24个月后，我几乎达到目标，发展和培训20～30个新经销商——我有19个。但是一些伟大的事情开始发生了。杰克，我第16个招募的人，和他的朋友朱迪讨论了我们的机会。朱迪扮演的角色是母亲，是学生，是秘书。她告诉我，她永远不会在一群人面前讲话但她真的很兴奋加入我们的计划。她开始从阿尔伯克的家中建立一个团队，几个月来，她发展了大约15名新员工。她的团队开始不断成长。我的支票不断增加！在两年内，她的团队超过了12000人，我的收入火箭般直线上升！

我从来没有经历过这样的事情。不管我是否工作，钱都来了。但我的支票很小，在最初八个月里，我的支票从来没有超过200美元。在开始两年，这份收入是一份普通的兼职收入。在我工作的第24个月，我的收入大约是2800美元。然后我经历了我听说过的、读过的事情：我的支票迅速开始增长。到33个月的时候，我每个月的收入超过了34000美元！我每个月挣的钱是我一年挣的两倍。

这是我在公司头三年的收入增长（见表6-2）：

表6-2　公司起步三年收入增长情况

1992		1994	
9月	不足100美元	4月	4680美元
10月	不足100美元	5月	3100美元
11月	不足100美元	6月	2180美元
12月	不足100美元	7月	3930美元
		8月	2950美元（2年）
		9月	1350美元（每个人都告诉我饱和了）
		10月	3410美元
		11月	2340美元
		12月	3500美元
1993		1995	
1月	不足100美元		
2月	不足100美元		
3月	180美元		
4月	470美元	1月	3780美元
5月	850美元	2月	5900美元（2年半）
6月	980美元	3月	6230美元
7月	1167美元	4月	8500美元
8月	960美元	5月	13655美元（这是我见过的最大的支票）
9月	1130美元	6月	15070美元
10月	720美元	7月	18505美元
11月	1060美元	8月	16700美元
12月	1470美元	9月	20915美元（第一次跳着舞去银行）
1994		10月	21550美元
		11月	34750美元
1月	1540美元		
2月	810美元		
3月	1570美元		

随着我收入的增长，我开始偿还我的36000美元的信用卡债务。我把所有的账单都还完了，我在亚利桑那州的松树林买了一套房子，买了我的第一辆豪华敞篷车，还买了一部手机！

我的梦想实现了。我被邀请在大会上发言。人们想要我在活动上签名。这真的很难理解。就在几个月前，我还在为买33美分一盒的通心粉和奶酪，而降低食物开支。

我开始乘坐公司老板的私人湾流喷气式飞机在全国旅行，住在全国各地的豪华五星级度假酒店里。我的账户里终于有了很多钱，比我花的要多。我的账单终于结清了。这是一种很棒的感觉。鲁斯是正确的。我需要招募大约20～30人来寻找我的追随者。一旦我找到了他们，我就有了一个被动的收入，不管我是否去上班。

在我工作的第15个月，我意识到我将会从事这项工作，所以我辞去了航空公司的工作。我是一名中层管理培训师。当我告诉老板我的计划时，他严肃地质疑我是否理智，并试图让我相信我做了一个糟糕的决定，但我向他保证我做出了正确的选择。

第6章
数字不撒谎

在航空公司，高层管理人员离开时，会在公告栏上张贴一个通告。但我不是高层管理人员，所以我的离职没有通告。我想我自己的声明可能会很有趣，于是我把一位离职高管的公告更改为："注意：高级教练乔丹·阿德勒退休去追求其他的机会。"我把通知贴在员工休息区、休息房间和工作间。我的老板有点恼火，不得不自己把它们揭走。他没有被逗乐。他要做什么？解雇我吗？但当我的收入达到每月2万美元时，他决定加入我，成为我们的全职网络营销者！

我的生意是在互联网出现之前的旧时代建立起来的。当时我甚至连一台电脑都没有。今天我们有工具和技术能够加速任何生意的发展，但商业构建的基本原理并没有改变。我说的都来自我的经验。年轻的高科技企业家很容易会说，那是过去工作用的旧式基础，如今，快速增长和维持需要一个更高技术的模式。别误会我，技术是重要的，可以简化成长过程并管理组织。但是，建立关系的基础没有改变。

在过去的三年里，我使用商业发展的基本原则，在一家以技术为基础的网络营销公司中打破了纪录。有超过2000个活跃的分销商，我在没有使用任何互联网策略的情况下成为了最赚钱的一名。我白手起家创建了我的公司,每次一个人。我在145周内亲自发展了122人,在不到3年的时间里建立了一个由2万名经销商组成的团队。我的收入从每月几百美元增长到每月超过10万美元,每月的剩余收入超过5万美元。

我没有做广告或购买线索。我没有电子邮件自动回复或大众营销。我很自豪我和其他新经销商一样。

我不能完全相信这种增长。我已经吸引了许多伟大的领袖加入我的组织。大多数人都没有网络营销背景。我可以说,他们都有很强的创业精神。我看到许多年轻的企业家在网络营销公司的成长基础上苦苦挣扎。他们最大的问题是过于依赖互联网和技术来建立业务。许多人完全放弃增长的基本原则,在设计的聚集大量人群的自动系统中交易。他们希望技术能为他们工作。不可避免的是,他们对如何吸引一群忠诚的企业家并长期留住他们感到困惑。

这里有几点需要考虑:

1. 你必须有一个计划,坚持18～24个月。

2. 你可以在午餐时间规划构建严肃的收入。

3. 通常大幅的收入增长会与1~2个人的工作联系在一起。

4. 要找1~2个人，你必须发展和训练至少20~30人。

5. 60%~90%的人可能不会关心你的机会。

6. 技术不会取代建立成功企业的基本原则。

7. 不管你的处境有多艰难，你可以在18~24个月内扭转局面，制定一个持续的计划。

海滩财富论
网络营销实现理想人生

第7章
如何挣大钱，无论工作与否

第7章
如何挣大钱,无论工作与否

上周我工作了5个小时,得到了2万美元的报酬。我还没有决定下周是否工作。我可能决定休一周假,和我女朋友一起去拉斯维加斯旅行。不管怎样,下个星期我将再次收到大约2万美元的收入。这是一种极富安全感的行为,我知道无论工作与否,都有钱。即便几个星期根本不工作,我的收入还在增长。

真正的金融财富是通过杠杆创造的。杠杆是一个理解起来简单的概念,易于实现,只要你有合适的系统。实际上,采用杠杆比你工作挣钱更容易。当你努力工作挣钱时,一切都取决于你做什么。当你有了杠杆,与你所做的就无关了,一切取决于你启动什么。

让我们将你从其他人的工作得到的收入作为非线性收入。有了线性收入,你就可以工作一次得到一次报酬。换句话说，如果你停止工作，就会停止得到报酬。有了非线性收入，你只要工作一次就能获得一次又一次报酬。换句话说，你的努力得到了积累。你今天所做的工作支撑你未来一次又一次得到长期报酬。这样由于不断地成长，你这个月的收入累加在上个月的收入上面。下个月的收入累加在这个月的收入上面。随着时间的推移，你可以积累一份最终能与你的账单相等的收入流。一旦你的账单被你的被动非线性收入流所覆盖，你便实现了财富自由。你现在有了海滩财富！你现在可以去海滩，不用担心你每月的账单。所有的东西都被你的被动收入流所覆盖。无论你去不去上班！

不幸的是，在学校或在工作场所都没有教授杠杆的概念。因此，它对大多数人来说是陌生的。在伊利诺斯大学的课程里，我从来没有学过杠杆。我学习了如何写一份简历和基本的面试技巧。但是我知道没有一个人通过写简历以及做一个好的面试获得财富。

当使用正确时，杠杆可以完全转换你的生活。想象一下如果有钱每月涌入你的账户，几乎与你是否努力无关，你的生活会是什么样子？这听起来好得令人难以置信吗？大多数人会立刻把这个想法当成某种类型的骗局或金钱游戏。事实上，几乎所有的财富都是通过杠杆创造出来的。

这里有一个很好的杠杆例子。假设你想在冬天从圣地亚哥到纽约去。你决定骑脚踏车，计划在一月份去旅行。你给你自己一个月的时间骑行。这听起来如何？不那么有趣。你需要做很多的停留。你会非常非常冷，需要和冰雪抗争，要穿很多衣服防止冻伤。你可能最终会被送进医院。我们的身体不适合长途越野骑自行车。

或者，你可以乘坐高性能的湾流喷气机旅行。你会在几个小时内轻轻松松到达纽约。这架飞机提供了更舒适的体验。机组人员会处理所有事情，几小时后几乎没有注意到飞机降落在纽约新跑道上。通过杠杆资金和技术，你将更快、更安全、更舒适地到达纽约。

你正在获得海滩财富的旅途中。朝九晚五的工作是当今市场上获得金融自由最糟糕的工具。它没有给你带来显著的杠杆作用。工作并不坏，它们为你支付账单。但是它们碰巧是你旅行中最大的障碍。试图骑一辆摩托车从圣地亚哥到纽约，就像试图通过伏案工作获得海滩财富生活一样。

从传统的商业或工作转变成提供非线性收入，把握通过制定决策关注那些工作一次就能让你一次又一次地挣钱的机会，你就会行进在通往海滩财富生活方式的道路上。

海滩财富论
网络营销实现理想人生

第 8 章
我缩短工作时间,每小时薪水增长了!

作为纽约市的一名职业歌手和演员,我没有办法在我的生活中创造剩余的收入。我总是意识到我在演出时的报酬很不错,但我没有为我的未来做些什么。当我有机会和其他人分享我喜欢的产品,并且在它成长的过程中得到报酬,我带着专注、热情和帮助支持他人的愿望向前迈进。现在,我每天都在积极地寻找庆祝和鼓舞他人的方法……我也会帮助别人做这件事。它让我在各个方面都能成长:作为一名企业家、教练、导师、演讲家和作家,能够在更深层次上对他人产生积极的影响,这比我作为一个表演者所经历的要深。这就像一场永不落幕的魔术表演!

朱尔斯·普莱斯
　　专业歌手和网络营销人员
　　佛罗里达州　萨拉索塔

第8章
我缩短工作时间,每小时薪水增长了!

多年来,我都会在工作的休息室里查看公告板上的招聘启事。我是一名主管,想要晋升为经理意味着更多的责任、认可甚至更多的薪水。我可能有一天会有员工,可以做绩效考核和面试!通常,我浏览公告板上比我现在所做的每小时多支付3~5美元的工作。这意味着在税前收入中,每个月的收入将增加500~700美元。它会支付我的汽车费用或者帮我支付信用卡账单。

我读过书,还上过课,会讲如何写一份好简历,以及如何做一个令人眼花缭乱的面试。我知道所有正确的面试技巧:面试官的名字,和一个坚定但不紧抓的握手;一个干净、清爽、保守的简历;为成功而着装,包括熨烫过的衬衫和擦亮的鞋子。我想让面试官觉得我很感激,所以我在面试后马上发了一张感谢卡。大多数人不会发感谢卡。我了解

到,"讨好"的艺术(听起来很可悲)效果很好。

年复一年,我得到了加薪,逐渐从每小时8美元涨到惊人的每小时15美元!然后不幸发生了。我工作的那家航空公司在申请破产后,将我的工资从每年28000美元削减到每年14000美元。我可以选择辞掉我的工作,或者接受减薪。我选择了减薪。我非常感激上层管理人员允许我留下来。我没有得到多少报酬,但他们真的很感激我,这不是真正重要的吗?

在传统的工作模式中,为了增加你的每小时工资,你必须要求加薪或者找一份薪水更高的工作。如果你的薪水是一定的,那么你的工作时间越长,你的每小时工资就会下降。

当我在构思这本书的时候,我意识到海滩财富可以让你少工作,得到更多的小时报酬。不像传统的模式,按你的时间付酬,用海滩财富,你可以从你启动的事情中受益,而不是你做什么。如果你减少了工作时间,你的每小时收入则会上涨。这里有一个例子:

如果我每个月工作200小时挣5000美元,我每小时赚25美元。在传统的模式中,如果我工作的时间更少,我的月薪

第8章
我缩短工作时间,每小时薪水增长了!

就会下降。但是在我的海滩财富模型中,让我们假设我每月削减100个小时,我还能拿到5000美元,我现在每小时赚50美元。如果我只工作50个小时呢?我每小时赚100美元。我有一个朋友,她在我们的生意中每小时赚大约1000美元。她每个月的工作时间不超过一小时,而且每个月都能拿到一张1100美元的支票。海滩财富收入让你有机会减少工作时间,增加每小时报酬!

这个想法让我很兴奋,因为我一直相信,增加我每小时工资的唯一方法是让我的雇主每小时付给我更多的钱,或者得到一份新工作!

假设你创造了一个每月2000美元的被动海滩财富收入,你每月工作10个小时。你那个月的小时工资是每小时200美元。如果你那个月只工作5个小时呢?你的每小时工资涨到每小时400美元!这是杠杆。这是真的吗?绝对的!我有几百个朋友,他们的海滩财富收入是每月5000美元到10万美元,他们工作的时间越少,他们的每小时工资就越高!

当人们问我是否全职工作时,我很难回答,因为这个问题只适用于传统的工作领域。在海滩财富的世界，没有全职或兼职；每周工作10小时可以比全职工作多挣五倍的钱。你可以做一个兼职的计划，发展你的业务，这比大多数全职员工都要挣得多。

海滩财富论
网络营销实现理想人生

第 9 章
挣钱的几个方法

简单地说——网络营销给了我三个P！！目的（Purpose）、激情（Passion）和报酬支票（Paycheck）！没有哪个行业能让我有机会自由地和我的孩子待在家里，同时建立一个利润丰厚的全球业务。目的：每天早上醒来都为我的一天而兴奋，我可以以积极的方式改变自己的生活。激情：这个职业挑战、刺激、激励我在教导别人做同样的事情的同时，成为最好的自己。报酬支票：没有什么比得上剩余收入。你的工作因为这个行业一次不断地获得报酬。在过去的几年里，我和我的家人在一起的时间比我之前人生加起来都要多。

梅丽莎巴洛克
全职妈妈
加拿大安大略省　伯灵顿

第9章
挣钱的几个方法

让我们看看一些增加收入的典型方法,对比我的海滩财富模型:从这个对比很明显看出,海滩财富模型是迄今为止最好的选择,用于创建无限增长潜力和时间自由,几乎没有先期投资(见表9-1)。

表9-1 海滩财富模型与其他收入方法对比表

寻找第二个或更好的工作	海滩财富
老板决定报酬增长	没有老板(你自己决定报酬增长)
有限的潜在收入	无限的潜在收入
线性收入(工作一次付酬一次)	非线性收入(工作一次不断获得报酬)
不工作没收入	不工作还有收入
退出就没有报酬	退出仍有报酬
只是一份工作(个人成长最少)	个人发展机会

续表

回到大学	海滩财富
支付200000美元以上的学费	启动付出不到1000美元
保障——毕业文凭	保障——边学习边获得收入
上学期间没有收入	一到四年毕业拥有海滩财富
教室培训	在职实际的商业培训

获得特许经销权	海滩财富
雇用管理员工	没有员工需要管理和付薪
购买资产设备	没有资产投资
前期投资50000到200000美元以上	前期投资少于1000美元
特许经营费	没有特许经营费
长期租金	在家办公
3~5年达到盈亏平衡点	收回投资立刻挣钱
属于自己的业务	完全时间自由,想工作时就工作

海滩财富论
网络营销实现理想人生

第 10 章
微小的思想转变如何变成银行存款

第10章
微小的思想转变如何变成银行存款

人们经常问我:"你怎么能在这么短的时间内完成这么多工作?"我懂得即使是最复杂的事情,也可以分为三个简单的步骤。这一特殊的经验让我的生活变得更加容易管理,并将我的银行存款扩大到超出了我最疯狂的梦想。事实上,当我开始把我的项目、目标和梦想分解成三个简单的步骤时,我的海滩财富生活方式开始生效了。如果你能应用这个简单的概念,那么海滩财富的生活方式在几个月后也属于你了。

有些人讲说比做容易,但我觉得这即容易说,也很容易做。最大的挑战是去掉我们添加的让我们觉得自己重要、聪明的所有额外的东西!这里有几个例子:

如果你正在学习驾驶飞机,你需要学会做三件事:

1. 起飞;

2. 飞行；

3. 着陆。

一旦你掌握了这三样东西，你就能安全、成功地飞行。

如果你是一名建筑师，你需要学会做三件事：

1. 评估客户需求；

2. 创建设计；

3. 沟通规格，这样设计可以被建造。

就是这样。当你在这三件事上变得非常出色时，你将成为一个大师级的建筑师！

当然，作为一名飞行员或一名建筑师，还有很多你需要学的东西。简化步骤可以让你实现你的梦想、目标、项目或易控制任务，从而降低你的压力水平，让你的工作效率更高。

我想和大家分享两个家伙的故事，杰森和罗杰。他们都想减肥并保持体形。杰森受过良好的教育，并为自己进行广泛研究、吸收大量的信息的能力而自豪。罗杰天生就更实用，而且通常寻找通往成功的捷径。

杰森决定学习能减肥和健身的一切事情。在接下来的

第10章
微小的思想转变如何变成银行存款

三个月里,杰森在图书馆查出了所有关于健康和健身方面的书。他在社区大学注册了一个课程,甚至在当地的书店买了健康百科全书。每天晚上至少有一个小时的时间,杰森阅读、划重点、做笔记,就好像他在攻读法律学位一样。

罗杰理解杠杆原理,并且是结果驱动的。他写下了健身的三个基本步骤:

1. 每天出汗;

2. 每天伸展;

3. 每天吃70%天然、未处理、未包装的食品(水果和蔬菜)。

三个月后,你认为谁减掉了最多的体重?谁最适合?显然是罗杰。谁更了解健康和健身?可能是杰森,但他的结果很差。这有意义吗?

记住,重复和杠杆是巨大的海滩财富收入和海滩财富生活方式的关键。任何难以描绘或实施的事情都会减慢或停止重复和杠杆。保持简单是至关重要的。我喜欢做"8岁的测试":如果一个8岁的孩子不能做或者解释的事,我也不会做。

现实生活的三步行动计划:

有人曾经让我写下我想在接下来的三个月里完成的三件事,并把清单贴在我每天都能看到的地方。我列了清单,每天都看一看,尽管我不确定将如何实现我的三个目标。但三个月后,我完成了这三件事。下面是游戏计划,帮助你在记录时间内得到想要的:

第一步:

写出你接下来三个月想购买或做的三件事(这是最重要的一步)。

例子:

·给你的孩子注册一所私立学校。

·回到自己的学校。

·对你的家进行一些修理(那些一直困扰着你的事情!)

·你一直想看的演唱会或演出,购买前排座位。

·雇佣管家。

·向你的教堂或需要帮助的家庭捐赠500美元。

·驱车沿加州海岸行驶,沿途在海边小屋住宿。

第10章
微小的思想转变如何变成银行存款

- 乘坐热气球旅行。
- 在森林里度周末。
- 去拉斯维加斯旅行。在海滩上租一套公寓。
- 为你的孩子开设一个大学基金。
- 升级你的汽车音响系统。
- 为孩子们买一套秋千。
- 参加为期4天的托尼·罗宾斯的活动。
- 买第二辆车。
- 在房子上支付一笔定金。
- 买一套新的卧室家具。
- 购买一些新电器。
- 在海滩上度三大假。

基本法则：

- 你的三个目标必须让你非常兴奋。
- 你必须能够在三个月内完成或安排你的清单上的每一项。
- 别太实用；你有权挥霍。
- 将列表限制为三个项目。你可能有4~5个你真正想完成的目标，但是现在就选择你的前三项。当你完成这三项之后，再增加三项。

当你进行这个练习时，有一些事情需要考虑。请回答这个问题：狗喜欢骨头吗？大多数人会说："是的，狗确实喜欢骨头。"但如果我在地上放一块牛排和一块骨头让狗选择，它更可能选哪一个？它可能会去吃牛排！狗不喜欢骨头。狗无奈地接受骨头，但它们会在牛排上流口水。当你列举清单的时候，请选择去吃牛排吧。

我参加的一个训练班建议，你的梦想只有写在你的日历上才真正算数。在过去，我曾有过多年的希望和梦想。我说过要乘船去维尔京群岛15年了！然后我做了一个非常简单的事情：我把它放在我的日历上。三个月后，我在游轮上享受着我生命中最美好的时光！

第二步：

未来三个月，你将立即采取什么行动，开始让你朝着将要得到的东西前进？把你的行动限制在三件事上。在接下来的三个月里，让你实现三个梦想的三件事是什么（请自行填写）？

1.

2.

3.

第三步：

期待并允许宇宙为你提供所需要的所有资源，去获得你写下的三件事。这不是一个"要做"的步骤。这是一个"释放"的步骤。这是一个"放手去做"的步骤。简单地做第一步和第二步，然后放弃结果。期待好事发生。

我的海滩财富生活方式是把我的项目和目标分解成三个简单的步骤。我用三个简单的步骤，把它保持得如此简单连一个8岁的孩子都能做到并教授它。你会喜欢的，因为这是在你生命中第一次将一切变得如此简单和可行。

海滩财富论
网络营销实现理想人生

第 11 章
尿床意味着什么

第11章
尿床意味着什么

你的思想是一台功能强大的电脑。它控制着你如何感觉，你的感觉决定了你所吸引的东西。你的头脑不知道真实与不真实之间的差异。你的想象力可以创造，也会被摧毁。通常，当事情没有按照你想要的方式发展时，你已经在你的头脑中创造了一个场景，那就是失去对你想要的东西控制。你的思想失去控制导致了坏情绪。不管你的想法是否基于现实，你的感觉是真实的，你的感觉决定了你所吸引的。

让我用一个故事来解释。这是隐私，但我觉得有必要和你分享所有的细节，尽管可能会很尴尬。

在航空公司接受了一整天的训练后，我爬上了床。那是一个凉爽的夜晚，热气从天花板的出风口吹过。我的公寓很小，铺着破旧的地毯，甚至能闻到最后一名租客留下的烟味。我蜷缩起来睡着了，因为我知道闹钟会在早上5：30响起。这将给我足够的时间来洗澡、穿衣,为我早上8点的课做准备。

在午夜时,我醒来了,躺在一滩温暖的液体中,就在我身体的中部。这让我很不舒服。我迅速起身,换下床单,直奔洗衣房,把它们扔进了洗衣机。我回到我的公寓,在沙发上睡着了。

第二天早上,我去上班,教我的课。下班后我回家,准备晚饭,然后就睡着了。大约在凌晨2点。我醒来时再一次发现我的腹部下面有一滩液体。这一次我感到有点恶心。我换下了床单,把它们扔进洗衣机,睡在沙发上。第二天上课的时候,我的反应很迟钝、身体感到很累。我发现自己一整天都感觉头晕眼花,甚至想象着可能接下来的五十年的时间我都要穿着成人版的尿布。我的一些学生告诉我,我看起来很不舒服。每半小时我就有想小便的冲动,所以我跑到厕所去尽快解决。

我打电话给医生,描述了我的尴尬问题,安排预约。那天晚上我翻来覆去,难以入睡。

大约在三点左右,同样的羞耻的境况让我醒了过来。当

第11章
尿床意味着什么

我翻身的时候,我意识到我的水床上有个针孔漏了!太高兴了!我不需要余生都穿尿布了!

你可能想知道为什么我要告诉你这个故事。我的目的是想让你知道你的大脑不知道真实与不真实之间的区别。

当面对一系列的情况时,你的个人计算机创建场景试图解释它们。然后你的身体会对你大脑的解释做出反应。我有证据表明我的床上发生了一些不寻常的事情。我的大脑创建了以下的翻译:

1. 我出事故了。
2. 我有问题了。
3. 我感到恶心。
4. 我感觉不好。
5. 我的余生将会很不舒服。

我把我的情况解释为严重的健康问题。我的行为是由不舒服的感觉所驱动的。所以我预约了医生。

所有这些应用于你的生活和你的事业会怎样?你的心灵是一种复杂的计算机,它吸收了大量的数据然后从数据中逐一扣除。基于自身的描述,你对境况的感觉可以极大地改变你的生活轨迹。

这里有个例子：你的邻居和你的表兄都参与在网络营销中。他们两个都没赚到钱就退出了。

可能的解释：

1. 没有人在网络营销中赚钱。

2. 网络营销是行不通的，只有高层人才能赚钱。

3. 他们来得太迟了。

4. 他们没有接受良好的训练。

5. 他们很懒，他们做任何事都不赚钱。

6. 他们放弃太快。

你可以看到，如果你选择1、2或3，你可能会远离网络营销的职业，永远不再追求它。基于你的决心，你会说网络营销不是一个很好的商业模式，你将来会避免的。你也会切断任何未来为自己和家人创造一种海滩财富生活方式的机会！

如果你选择了4、5或者6，你可能相信你仍然有希望，只需通过一些好的训练、激励、坚持。你可能仍然感觉网络营销作为一种职业很棒，并创造了许多理由继续追求你的梦想。结果，你可能会得到一个被动的每月收入2万美元，3万美元，或更多的海滩财富。环境根本没有改变，只是你对他们的解释起作用了，让你走上了一条完全不同的道路。

让我们看另一个例子：

1. 你遇到一个有魅力的人。在过去的六年里，他在网络营销方面赚了数百万美元。

2. 你去参加一个网络营销研讨会，听到10个人在谈论他们过去几年为自己创造的奇妙的生活方式。

可能的解释：

1. 他们都很幸运。

2. 他们都想卖给我一些东西。

3. 他们都进入了高层。

4. 我可以从他们身上学到很多。

5. 他们想教我这样有抱负的人如何成功。

6. 他们曾经和我一样，现在已经成长为伟大的领导者。

再一次，根据你选择的解释，你会有一种特定的感觉。你的感觉将引导你的行动。你能看出，选择解释1、2或3和选择4、5或6将会导致一个不同的未来，不是吗？

看一看你的情况，问问自己你是怎样解释的？你是如何感觉你的解释的？

在我的网络营销生涯的早期，我开始用一种让我对这个行业感觉良好的方式来解释事物，以及建立一个巨大的被动收入的潜力。我创造了一个很棒的故事，当我拥有海滩财富的时候会是什么样子。我的好心情引导我去寻找那些帮助我实现梦想的机会和人。所以，不要低估你思维的力量，它引导你实现你的终极梦想。

如果你的生活中有一个你一直在挣扎的领域，看看你是如何解读它的，以及你对自己的处境的感受。看看你能做些什么来改变你的解释，为你自己和你的生活创造一个更强大的环境。

海滩财富论
网络营销实现理想人生

第 12 章
新观点

网络营销给我们提供了选择,对我们来说意味着自由。我们相信我们是无法受雇的。

设定好几个小时,然后回答问题并不符合我们的性格。我们享受自由,创造我们如何帮助他人选择他们想要的生活。我们喜欢网络营销给我们的所有选择;我们想做什么就做什么,想什么时候就什么时候,这是我们喜欢的风格!

鲍勃和贝蒂安金

汽车工业和房地产业
内华达州　拉斯维加斯

我做了12年的全职网络营销人员。我在家工作，没有老板，没有固定的工作时间，我可以用我的笔记本电脑或智能手机在任何地方经营我的生意。我的收入每月都是自动的，而我的支票在过去的10年里都有一个逗号。因为这个生意，我从25年的咨询生涯中退休了。我能够学习和做一些以前没有想的事情——建立一个大的团队，从舞台上演讲，写三本关于我们职业的书，为女性举办静修会帮助她们更自信、更成功。

朱迪·奥希金斯
女性顾问
亚利桑那州　卡顿伍德

第12章
新观点

一个充满激情的活动可以完全改变我们对生活的看法。随着观点的转变，我们的生活也会发生变化。我们开始从全新的角度看待事物。我们的决策改变了，做出了不同的选择。我们的许多决定和选择都基于我们的观点。因此，当我们的观点发生变化时，我们的决定和选择也会改变。我已经发现了一些在我的生活中发生的事情，这些事件完全改变了我对生活的看法。

我的观点转变使我在商业和财务方面做出了不同的选择。这些经历塑造了今天的我。你有没有注意到一个事件、一个会议、一个梦想、一个介绍、一个经历可以完全改变你的生活的方向？以下是一些让我最终走向海滩财富生活的事件。

展望你的未来

我曾经拥有一辆1987年的吉普牧马人。它真的太破了：空调机坏了，挡风玻璃雨刷也没有。在当地的一次交易大会中，敞篷车盖也被偷了。亚利桑那州的夏天可以达到46℃的高温，而季风会带来倾盆大雨。在夏天或在雨中行驶，这可不是一辆有趣的吉普车。

一天晚上高峰时间，我在离家2英里的地方，在一辆17年的破旧的雪佛兰黑斑羚车里停下车来。我以大概每小时35英里的速度从侧面撞击了她的车。幸运的是，没有人受重伤，但我的吉普车的前端被撞坏了。我们打电话给警察，交换了电话号码。那天晚上9点左右，我在美国60号高速公路上开车，每小时大约70英里，我的吉普车的引擎盖开始震动。伴随着猛烈的撞击声，引擎盖飞了起来，撞到我的挡风玻璃上，玻璃粉碎成蜘蛛网般的裂缝。在早些时候的事故中，锁扣已经损坏了，并没有把它牢牢地压住。我的车在移动，什么也看不见。我在高速公路中间停了下来，定了定神,再喘了口气之后,我用绳子把引擎盖固定住了,然后继续上路。

第二天早上,在去上班的路上,我在后视镜里看到了一辆警车。他似乎眯着眼,试图透过前窗的裂缝看我。他可能知道如果他看不清,我也不能!他把我拉过来,给我写了张罚单。我有保险,但付不起75美元的免赔额来更换玻璃。考虑到我目前的状况,支付这张罚单是不可能的。

那天晚上,在回家的路上,我遇到一场暴雨。在这些条件下,挡风玻璃被震碎,我感觉驾驶吉普车很危险。虽然我的视线被裂缝挡住了,但只要我把注意力集中在挡风玻璃上,我就能看到道路。事实上,在一些斜视的情况下,裂缝会模糊到几乎不存在的程度。

在那一刻,我意识到,在追求商业成功的过程中,我往往会被沿途的挑战、问题和麻烦分心。当我专注于它们的时候,它们变得更大更让人分心,就像挡风玻璃的裂缝一样。这些挑战会不断地阻止我看到我要去的地方,实现我的目标。我将努力解决我的业务将会面临的问题。例如,我有资金问题。支票增加。我会把注意力集中在我的问题上,以至

于我不会把重点放在对建立一个成功的企业很重要的基本活动上。我意识到我总是能得到我所关注的。我再也不能把精力集中在我目前的环境挑战上了。为了实现我的梦想,我需要时刻关注创造我的未来。当事情变得棘手的时候,我需要把注意力集中在我的最终目的地——前方的道路上。

你的好运气

还是小男孩时,我学过"阿德勒诅咒",它说任何在一种情况下可能出错的事情都是因为阿德勒的错误。好吧,我是阿德勒,因此,所有可能出错的地方都是我的错!我知道这听起来很荒谬。作为孩子,我们接受标签并将其作为绝对真理。这些标签成为我们的身份。在这条线上的某个地方,我已经接受了不幸的身份。我们都有这些标签,它们可以以一种深刻的方式塑造我们的生活体验。当我们采纳一个标签时,我们会向人们发送隐藏的信息以一种与我们的身份相一致的方式与我们交流。像有趣、快乐、沮丧、活泼、成功、精力充沛、思想开放、富有创造力的标签,都能塑造一个孩子的未来。无论我们是被父母或朋友给的标签，还是我们自己提出的，都是无关紧要的。我们的个性是由我们的身份决定的。在我年轻的时候，我有一种坏运气的诅咒！我的标签是不走运。我的身份是："倒霉的人！"

我开始的每一项事业都因为诅咒而失败。我的感情因为诅咒而没有成功。我因为诅咒而受伤。什么都不能逃脱！

你有没有注意到有些人运气很好？他们几乎做的每件事都能成功，他们似乎得到了所有的运气。其他的人似乎总是不走运，他们什么都做不好。他们会遇到更多的车祸，有更多的疾病，不能保住工作或朋友，而且他们总是被利用。似乎生活给了他们一笔不公平的交易。

我从没有成功过；我是一个失败者。在我的生活中，似乎没有什么事情是正确的。

我的大学学位是景观建筑。工作生涯早期，我做过绘图员。我每天花8~10个小时，在一个设计风景的绘图板上工作。我工作的公司老板非常成功，是位备受尊敬的景观建筑师。我们相互尊重，而且我真的很喜欢和他们一起工作。有一天，一个业主来找我，看了大概一分钟我的画，把他的手放在我的肩膀上，说："有一颗星跟着你。"而我听到的是，"有一颗幸运星跟着你。"我从来没有体验过幸运的感觉。这感觉很棒，我要成为一个幸运的人。

不管出于什么原因，在那一刻，我成了一个幸运的人。那么幸运的人会怎样呢？他们得到了所有的运气！而且你猜怎么着？我开始得到所有的运气！我的运气在一夜之间改变了，奇迹开始发生在我的生活中，我开始迅速升职。我的收入开始增加，我开始认识所有对的人，我成了一个吸引美好事物的磁石。

听起来像是"变戏法"，但这是我的解释。当你认为自己不幸的时候（或者用其他消极的词来形容自己），你的潜意识开始寻找证据支持这一信念。我们都希望是对的。我不是心理学家，但我知道我们吸引我们所想的东西！如果你认为自己是成功的并且相信它，你就会开始吸引成功。如果你认为是自己有趣的，你会开始吸引乐趣！你的潜意识实际上会把你和所有相关的事物都联系起来！

当我的老板告诉我有一颗星星跟着我时，我就能看到并感觉到那颗星。在直觉上，我相信他。从那一刻开始，我的生活永远改变了。在接下来的几年里,我继续吸引所有的幸运。我最后的机会是最幸运地发现我的业务生活。今天我很高兴能成为公司挣钱最多的人,每个月都有上百万的生意。所以,如果想要开始吸引所有的运气,直接表明你自己是一个幸运的人,就要相信它!为自己贴上幸运的标签!然后开始用整整一个星期寻找你的幸运时刻。你会惊讶你吸引了多少运气到每天的日常生活里。

一个小的动作会改变你的生活

1981年,我搬进了位于亚利桑那州坦佩市的一间昏暗的单间公寓。它的气味有点难闻。为此我每月要支付238美元。我的隔壁邻居是一个58岁的超重男子,名叫唐。唐的妻子离开了他,而他的孩子们已经超过8年没有跟他说话。他非常孤独和沮丧,过着混乱的生活。每天晚上他都会喝酒,告诉我他的烦恼。他的呼吸有烟草味和酒精味。

唐启发了我。在过去的25年里,我每个月至少会想起他一次。我做了真诚的承诺,决不让自己像唐一样。我需要读书、学习、成长，这样我就不会像他一样。他激励我创造丰富的生活。我开始阅读和参加研讨会；我开始跑步和重视我的健康；我去承担风险，追求机会。

唐不知道他的激励产生了涟漪效应，引发一连串的事件最终导致我对成千上万人的生活产生了影响。唐明白，他的生活一团糟，没有目标，他几乎要自杀。我同情他，而他帮助我造就了今天的我。我在唐的身上看到了我选择的未来。几个不好的选择让我可以很容易地在二三十年的时间里成为他。唐用一种奇怪的方法启发我采取积极的行动。

你不想再像唐那样生活了，所以开始看到你和周围所有人的联系。想象一下，每次你遇到一个新人，给他一句鼓励的话，给他一个积极的问候，打个电话，或者进行简短的谈话。随着时间的推移，一连串的事件会影响到成千上万的生活。人们会根据自己那个的时刻感受做出选择。你的言语和行为会影响别人的选择。考虑你做的单独决定，也许是10年前，完全改变了你的人生轨迹。

想象一下你今天生活中最重要的人。因为遇到这个人你的生活有什么不同？你怎么遇到的？如果你没有遇到这个人，你的生活会怎样？现在问问你自己，几年前发生什么事情可能阻止你遇见那个人。那件事有多重要？一件小事——搬到唐的旁边，引发了一连串的事件改变了我的生活和成千上万人的生活。

你不需要知道所有的事情

为了学习滑翔，我花了很长时间，一个又一个周末，一遍又一遍地学习发射和降落。我被绊倒在仙人掌和岩石的训练坡上，直到我被撞伤和擦伤。我回家时牙齿上有砂砾和灰尘，还有严重的晒伤。我这样做了好几个月。在我的训练中，我也练习了左转和右转。我会背一架八十磅的滑翔机爬上山顶。风几乎把我吹翻。需要30分钟的时间汗流浃背地将滑翔机背到山顶上，一直努力不让自己跳入仙人掌里。很多周末我都在想为什么让自己经历这些。

最后，在掌握发射、着陆和转弯之后，再继续学习一系列专业知识，就是时候实施首次山地飞行了。问题是：你不能飞行的时候再学习如何飞行。有太多未解的问题。事实

上，在飞行前想要知道所有的答案会让你的头脑陷入混乱。在某一时刻，你只需要飞起来！

事实上，试图要学习滑翔机飞行的所有的知识会坏事。你会因为恐惧而瘫痪，因为你的大脑不能记住所有的知识！用涤纶和铝绑在你的背上从山上跑下来并不是最合理或最理智的事情。但是我跑了，因为我想飞！这就是我愿意去经受痛苦的训练和伤害的原因。我想要风吹在我的脸上的感觉。我想从上面体验这个世界。我想挂在天上。我想知道云是什么样！我想感受一只鸟的感觉！我经常接到那些有抱负的企业建设者们的问题和电话，他们想知道如何取得成功。他们经常问："我去哪里找别人聊天？我应该说什么呢？"换句话说，他们想知道如何去做。但是在你做之前学习你所需要的一切会把你的大脑连接成小结。不可能为即将到来的事情做好充分的准备。就像驾驶一架悬挂式滑翔机，有时没有逻辑或理智的理由，除了你有一个需要完成的梦想。学习基本原理，然后就飞！飞跃山峰。有信念你就会在需要知道时候知道你需要知道什么。你将学会如何感受你的方法，当你开始飞行时，你会把自己吹起来。

花点时间掌握基本原理,然后就走吧!不用等着所有的问题都有答案。他们永远都不会都回答。如果你等待它们的答案,你永远不会做你需要做的事,去创造你正在寻找的积极结果,去吧。

你最棒的礼物

在小学的时候,我是每个运动队的最后一名。事实上,我被选中的唯一原因是每个人都必须加入一个团队。否则我就根本没得玩了。没有人要我。这激怒了我,我怨恨学校里的其他孩子,心里像刀割一样难受。有时我感到孤独和孤立。这是我人生中最艰难的时刻,它塑造了我对自己的信念。我不太擅长运动,所以作为一个团队成员,我对其他人没有多大的价值。

在这段深深隐藏的经历是我从未预料到的"礼物"。今天,我建立了自己的团队,每个人都能加入我的团队!事实上,我是世界上顶尖的团队建设者之一!我要挑出谁是队里的人!我给任何想玩的人提供了一个机会。这些来自我童年的经历让我有了创造和领导跨越全球的伟大团队的雄心。

有时候,你生活中最困难的经历会给你带来最好的礼物。有时这些礼物很多年不会暴露。感谢这些考验。

海滩财富论
网络营销实现理想人生

第13章
一天动量冲击

谁能想到一个没有上过大学的人，在她工作的最初6个月里，会挣到6位数，并在世界各地旅行。网络营销改变了我的生活，我喜欢帮助别人。我知道如果我能做到，你也能做到。

凯伦·艾可可
在家工作的四个孩子的母亲
得克萨斯州　达拉斯

第13章
一天动量冲击

进进出出网络营销公司多年后,我决定再出击一次。我注册了10年里的第12个公司,听了一次机遇会议。我被告知我可以带客人来。我有5个确认的客人。我提前一个小时出席了会议。公司的领导们一次又一次地告诉我,如果我想让我的客人来参加会议,我应该去接他们。他们还说,如果我让我的客人在活动中与我见面,几乎百分之百他们不会出现。我从那以后就知道这是真的。

会议原定于晚上7:30开始。6:30只有我一个人到了。我告诉过我的客人们6:45来见我,7:15分,我还在等他们。我的一个客人在7:20出现。之后,成群的人开始陆续到达,并在门口排队。房间内的谈话充满能量。每个人似乎都很兴奋。有很多人讨论那些有魅力的演讲者,想知道他们如何赚钱。我感到房间里的兴奋就像人群的能量增长到了狂热的程度。7：30，人群变成了沉默，然后脚跳起来，用掌声欢呼著名的阿尔·托马斯。

我感到很苦恼。阿尔非常好，他很有趣，而且知道如何赚钱。在这里，我和我唯一的客人坐在一起，而他有一屋子200多人！他怎么做到的？我非常努力地邀请了5个人，只有1个人出现。我再次决定，我永远也不做这个生意了。我心想："我永远不会像阿尔一样好！"大约30分钟后，阿尔有几个人在前排站起来。他把他们介绍给他的客人。在那一刻，我意识到只有3个阿尔的客人在会议上。阿尔在会议上没有200人，只有3个。我有1个。我旁边的经销商没有人陪她。一个叫桑迪的经销商有2个客人。大卫有1个客人，凯瑞邀请了10位客人，但是没有人来见她。这个房间里有大约150个分销商。

他们中的一些人有几个客人，很多人都没有。然后我开始理解动量的魔力。

第13章
一天动量冲击

动量的魅力

什么是动量,它感觉像什么?什么时候动量开始?动量可以被创造,或者仅仅是发生?有多少运气在里面?我听说过大领导每个月有1000人、2000人,甚至5000人参加他的团队。这几乎是超现实的。他们怎么能吸引这么大的一群人?他们是在进行大规模招聘吗?他们是否使用了一些不告诉我的秘密系统以至于如此快地培养这样大的团队?他们工作很长时间创造这种超自然的增长?还是使用一种复杂的基于网络的招聘方法?

一直以来有一个很大的谜团困扰着我,巨大的增长如何发生在这些人身上,而不是其他人。在这一章,我将解开动量谜团,并揭开动量创造的秘密。你就会确切地知道什么是动量,如何感觉,以及如何创造它。你将开始重新定义动量,以一种能让你实现的方式。动量是这个职业的流行词。但它不是看上去的意思。

我不知道动量何时为我启动。它可能已经启动了,在我注册了第一个"商业建造者",或者当我决定作为一个领导者，或者是10个人加入我的团队的那一天，或者当我第一次每月的支票超过10000美元时，或者它可能已经发生，在我每月增长3000美元时，或者当我的年收入超过一百万美元时。

在亚利桑那州斯科兹代尔听阿尔演讲的那晚，我学到了一些东西。我得知阿尔在会上只有3个客人。但是阿尔的团队总共有大约30位客人。没有一个人超过3个客人。如果阿尔有一半的客人当晚注册了，他的团队将增加大约15个新的经销商。阿尔在全国各地举行类似的会议。他只是在其中一次会议上，他的团队的领导们当晚正在芝加哥、洛杉矶、哥伦布、迈阿密、得梅因和萨克拉门托进行类似的会议。如果另外六个城市中，每一个城市有15个新的经销商加入了阿尔的团队，阿尔的团队将增加90个新经销商。

顺便说一下，阿尔在国内其他城市有150个分销商，没有参加那晚的会议，但是他们在家里和他们的一些朋友见面。这150家经销商中26个也签了新的经销商。阿尔的团队当晚签下了131个分销商。阿尔签了多少人？只签了1个。在一个月的时间里，他每周会做2~3次这样的会议，但他在全国各地举行了数百次这种会议。他每个月都会有超过2000个新经销商加入他的团队，但他自己每个月只带来3~5个。阿尔从来没有自己带很多人。事实上，我了解到，从来没有人带来了很多人。然而，很多人每个月都带来几个就会显现出动量。

想象一下，你的团队里有2万人。如果10%的人一个月带一个人，你的团队会增加2000个新的经销商。这是动量。它将会产生非常大的五、六位数的月度支票！如果你无法想象在你的公司里有2万个分销商，也许你需要听这个故事。我从来没有成功建立了一个甚至两个人的团队。我坐在凤凰城体育场观看菲尼克斯太阳队与达拉斯小牛队的比赛。我用几秒钟想象着自己坐在体育场里。体育场大约有2万个空座位。我无法想象建立一个足够大的团队填满所有的2万个座位，但我可以填满我的左边还有我右边的座位！如果我这样做会怎样呢？我想如果我们3个能马上把围绕着我们的10个座位填满。这听起来很合理。现在我有10个人坐在我的团队里，但是整个体育场仍然是空的。我们10个人怎么能想办法填满一个2万个座位的体育场？我想如果我们10个人的小团体每人可以得到一两个人，从而发展到30人。当然，这是可能的！那么我们不就可以把我们的30个经销商变成100个新经销商吗？我们100个人每人邀请几个，能最终填满500个座位吗？当然！你能开始看到填满500个座位如何变成填满1000个座位，最终填满5000个吗？如果我们从5000开始，我们需要多长时间能填满20000个座位？

我已经在网络行业工作了很多年，从来没有见过一个人自己建立一个大的团队。我见过很多人，找到几个人，随着时间的推移，组成数千人。当成千上万的人每个月都能找到1~2个人，就能创造稳定增长和收入！

时间轴和成长

一个人花费大量的时间带另一个人加入团队，不会加速团队的成长。随着越来越多的人加入，团队增长加速了。如我的团队中有一个人，他需要两周的时间把另一个人带入，增长似乎相当缓慢。假设在18个月后，我有1000人在我的团队中，有50个向潜在的合作伙伴展示业务。每一个预期平均两周时间加入。在这个月中,有50个新成员加入了我的团队。这几乎是每天2个人,但实际我自己做的工作很少。尽管有人来参加业务需要的时间(两周)没有改变,纯粹的数字使它感觉增长正在加速。

自然界出现的动量

一粒种子变成一株植物,一株植物变成了一棵大树,一棵大树变成一片森林。这都是细胞分裂的结果,细胞越多,生长速度就越快!细胞不是分裂的越来越快。只是更多,更多的细胞在短时间内分裂。在开始的时候,只有很少的细胞,分裂的细胞更少。在开始的时候,只有少量的植物,所以较少的植物的分裂。

一个人从一个细胞开始。一个家庭从一对夫妇开始。一个社区从几个家庭开始。婴儿潮是一个例子,20年的时间,很多家庭都在生孩子。是动量导致繁荣吗?或者是由许多单个家庭生1~2个孩子产生的动量?你有没有注意到孩子们在达到一定的年龄后成长有多快?随着他们的生长,细胞分裂的更多，因此他们的生长速度似乎更快！

想想普通的感冒是如何传播的：开始几个人生病。随着感冒的传播，人们得病越来越快，但实际上只有更多的人把感冒传染给别人。

网络业务中动量的例子：

· 1月：你带来1～5个人。

· 2月：你带来1～5个人。没有人做任何事情。你花了1000美元，赚了300美元。

· 3月：你带来1～5个人。一个人带来一个，其他什么都没做。你赚了100美元。

· 4月：你带来1～5个人。你的团队这个月增加了3个分销商，你得到了第一次升职。你又赚了200美元，但你又花了500美元。

· 5月：你带来1～5个人。你的团队增加了10个分销商，你得到了第二次升职。你赚了500美元，但你又花了500美元。

· 6月：你带来1～5个人。你的团队增加了另外10个分销商，这个月你第一次盈利。你赚了大约700美元，花了大约200美元。你疲惫不堪，工作过度，总体上赔了钱。你想要退出。你怀疑它是否值得。你的朋友和家人嘲笑你费力工作不挣钱。

- 7月：你带来1~5个人。你的团队现在每周增加3个人。你不确定是不是要这样工作。这是关键的时刻；95%的人这时退出。

- 8月：你带来1~5个人。你的团队开始每天增加1个经销商，你就能赚到1500美元。

- 9月：你带来1~5个人。你的团队开始每天增加2个分销商，你赚了2500美元。

- 10月：你带来1~5个人。你的团队开始每天增加3个分销商，你就能赚到4000美元。

- 11月：你带来1~5个人。你的团队每天增加6个经销商，你就能赚到6500美元。

- 12月：你带来1~5个人。你的团队开始每天增加10个人，你赚了超过1万美元。

你现在已经破解了动量的密码并且知道动量是什么感觉。你理解了动态系统。你已经让自己在2~3年内每月赚3

万~5万美元。你开始为未来的海滩财富感到兴奋。

99%进入你的组织的人,你永远不会遇到,因为他们不住在你的城市里。你的事业开始有了自己的生活。你的团队每个月增加200~500个新经销商。你的剩余财富每月都在增长。你的整个团队有4000个分销商。你是公司的英雄。人们想知道你的秘密。你被要求在公司大会上发言,尽管你以前从未做过这样的事情。人们想要你的亲笔签名。你开始考虑写你的第一本书。

海滩财富论
网络营销实现理想人生

第 14 章

名片盒市场（金钱真的长在树上！）

第14章
名片盒市场（金钱真的长在树上！）

在20世纪80年代，我读了哈维·麦凯写的一本书《与鲨鱼共泳，活着没被吃掉》。这是一个天才的作品。哈维在书中写道："你可以通过查看他或她的名片盒的大小来预测某人收入的未来。"你有没有注意到，那些最成功的人也是你见过的最有关系的人？大多数成功的人都可以通过快速的电话来完成任何事情，因为他们认识某人。他们有一个很大的名片盒，他们和名片盒里的人有关系。这里有一个令人吃惊的例子：如果你想要快速完成任务，你需要拉一个团队合作，谁能更好地帮助你，埃隆·马斯克或者在当地便利店工作的人？不是贬低商店服务员的价值，但是哪一个拥有更大的网络？哪一个有资源帮你快速组建团队？

假设你在找工作。你打电话给谁呢？如果你有一个大的名片盒，有很多高质量的联系人，你可以打几个电话就能得到一份工作。你可能会通过打电话给那些拥有大名片盒的人获得最好的结果。你可能会听到,"让我打几个电话,我看看我能做什么。"这就像一棵关系树。钱确实长在树上!有联系的人知道其他有联系的人。强大的网络扎得很深。当你投入时间成为良好的联系人,你开始吸引他人建立联系。大约两年,你可以不再需要交易获得任何东西。在你的手边,你将拥有完成任何事情所需要的一切资源。你的网络将成为你最有价值的资源。

当我写到这时,我意识到30岁以下的人可能不知道名片盒是什么!劳力士(Rolex)和名片盒(Rolodex)是有区别的。但是,了解那些有大劳力士表的人也不是一个坏主意,因为他们可能也有大的名片盒!

你的电子通讯录只是一个现代的名片盒。你的通讯录控制你的网络。如果你能有效地管理,一个包含500个联系人的通信管理器可以价值数百万美元。我在20世纪80年代开始的网络已经发展到成千上万人。我的通讯录是我最重要的商业工具。这是我成功的关键。

你的成功很大程度上取决于:

第14章
名片盒市场（金钱真的长在树上！）

1. 你的通讯录中联系人数量。

2. 你的通讯录中联系人质量。

这里有一些小窍门和好主意，使用电子通信管理器发展你的网络构建人际关系，你可能听过这样的说法："不是你知道什么，而是你认识谁！"事实上，不仅仅是你认识谁，而是谁知道你！你要确保你的网络里的人了解你，知道你在做什么。这一点跟你了解他们一样重要。你要让他们在做生意的时候想起你。换句话说，你是否能他们前面足够让他们记住你，在合适的时候和你做生意。

我和某个在生意中挣扎的人谈过一次。我问他的通讯录里有多少人。他告诉我有450人。然后我问，"这些人中有多少人确切地知道你的生意的性质和你提供的服务是什么？"他说只有12个人知道他在做什么！如果通讯录里的人都不知道你在做什么，你就不可能成功！

让我们来重温你可以做的几个重要事情，最大化使用个人电子名片：

1. 每天向你的通讯录添加1~2个人（每天一个，一年是365个）。把它设定为一个目标。你的工作就是会见他们。

你并不想卖给他们任何东西。随着时间的推移,你会了解他们,想方法帮助他们。

2. 把你的通讯录看作是"回报"的机会。每天浏览你的通讯录,问自己:"我今天能为我的网络中某人做些什么,会给他们生活带来价值?"看你的通讯录,不是作为获取的资源,而是作为给予的资源。每天,为网络中至少一个成员做一些积极的事情:推荐。打个电话就行了。送一张感谢卡。送一张"想念你"的卡。祝贺网络中的某人。向网络中的另一个成员做个自我介绍。主持一次网络午餐,邀请一群来自你的通讯录的人(你可以用电话和卡片邀请他们)。这个聚会只是为了好玩。安排一个简短的咖啡会议了解你的网络成员,找出你如何可以帮助他或她。

3. 不需要无准备访问。你的网络可以连接你提供成功所需的所有资源。当你遇到新朋友时,你的目标是了解他们,成为他们的一个很好资源。把他们添加到你的通讯录中。你同样会教育他们,对于你来说这是一个很好的机会向他们展示你的业务。因此,会有很多人想要和你做生意。

4. 在你的通信管理器的"备注"栏填写备注。记录下人

第14章
名片盒市场（金钱真的长在树上！）

们的兴趣、日期以及你和他们之间对话的主题。你的通讯录所做的就像它的名字。允许你管理你的联系人。你的通讯录是一个工具，帮助你与遇到的人建立终身联系。

关于你的网络中的人，问自己以下几个问题。这会让你知道怎么能提高你与他们之间关系的质量。

1. 他们知道你吗？他们知道你在做什么吗？他们知道你的长相和你感兴趣的是什么吗？当他们准备采取行动的时候，只会和记得的人做生意。如果当时你没有进入头脑中，你就不会得到生意。他们必须肯定地将你与你提供的服务联系起来。

2. 他们信任你吗？他们会给你打电话寻求建议或想法吗？他们认为你是一个有价值的资源吗？人们通常只会和他们信任的人做生意。通过将自己定位为一个值得信赖的顾问/专家，你更有可能接到潜在的商业伙伴和客户的电话。

3. 他们认为你是朋友吗？他们喜欢你吗？人们喜欢和朋友做生意。和每个在你的通讯录中的人做朋友，和他们做朋友在一起做的事情。

4. 他们能依靠你吗？你的眼神是坚定的吗？他们知道如

果他们需要的话你会在他们身边吗？

大多数进入商业领域的人将他们遇到的每个人当作潜在的销售对象。如果这个人不注册或购买，他们将永远被遗忘。成功的企业家知道他们与某人的终生联系比销售大得多。他们知道有些人一生会产生大量的销售，其他人可能根本不会买任何东西。有些人可能会把很多人介绍给你而其他人可能只是成为好朋友。有些人今天可能会和你做生意而其他人可能永远不会。

回顾一下，通过关注这五件事，电子通讯录那里得到的价值可以最大化：

1. 每天把人添加到你的网络中，并将他们放入你的通讯录中。

2. 了解你网络中的人。

3. 确保你网络里的人知道你和你所做的事。

4. 通过电话、卡片和电子邮件报偿你的网络成员。

5. 把你的网络看作是"给予"的机会，而不是"获得"的机会。

如今，大多数人在定期联系他们的网络成员方面做得很

第14章
名片盒市场（金钱真的长在树上！）

糟糕。你可以通过做这五件简单的事情来让你在每个人的眼中都与众不同。尽管他们每天都要花几分钟时间，但如果你花时间去做这些事情，你可以优化你的公司和团队的业务。

我能听到你们中的一些人说，"我已经这么做了。我把他们加入一个自动的电子邮件，以确保他们定期收到我的来信。"我相信，如果你想建立一个成功的企业，电子邮件活动是一个巨大的错误。电子邮件会让人感到厌烦，而大多数最终会出现在垃圾邮件文件夹中。你不能把个人的接触自动化。你必须花时间与你的网络中的人建立联系。你给一个人打5分钟的私人电话比你向名单上的每个人发送2000封电子邮件会获得更多成功。

哈维·麦凯在《哈维·麦凯名片网络建造者》一书中写道，"如果我被抢劫了，不得不选择是交出我的钱包还是我的名片夹文件，没有争议，我会选择前者。我的钱包丢了，很不方便，很吓人，我损失巨大。但是失去我的名片夹将是毁灭性的。我可以更换所有的信用卡，我可以用几美元就能生活。但是这些年来我收集到的信息——是不可替代的。"

"我是怎么做到的？就像许多伟大的想法一样，非常简单。当你遇到一个新朋友时，记下你在什么时候、在哪里、是如何认识的，以及那个人的任何有趣的事情，比如爱好、家庭数据、特殊兴趣等等。一旦你回到你的办公室（我指的是同一天），在你的通讯录中制作一个名片卡或条目，然后立即归档。你也应该在接下来联系发生时记录后续的联系，一张感谢卡或一篇文章。这样你就可以确保你的名片文件正在为你工作，而不是仅仅处于休眠状态。如果你没有特别的理由去联系某人，你可能会在3~6个月的时间里做一个笔记。当你得到那个提醒时，你会找到一个保持联系的理由。如果你真的想要保持联系，那就很容易了。"

海滩财富论
网络营销实现理想人生

第 15 章
你会疑惑!

第15章
你会疑惑!

我从芝加哥奥黑尔机场出来,参加了战略教练的创始人丹·沙利文主持的一个大型研讨会。他开场谈到当前的经济前景以及一些巨大的机遇是如何在经济困难时期出现的。

许多人都感受到了经济动荡的压力。我们生活在一个经济不稳定的时代。换句话说,许多人已经失去了信心,感受到了不可预测的未来的压力。

在这样的时刻,许多人变得麻木和恐惧。就在几个月前,即使你尝试,你也不可能在股票市场上亏钱。今天,波动如此之大,以至于今天你会有希望,而接下来你会感到完全泄气。所以现在,人们失去了信心。信心正处于历史最低点。丹认为,信心并不是一个人的银行账户数目大小的参数,自信是一种感觉。领导力的挑战是在困难时期找到信心和希望。我想说的是,当你希望一个更美好的未来时,你可以恢复信心并逐渐灌输给其他人。

在我的上一个公司里，一个最赚钱的人经常说，不管你在经济上的地位，总有一些时候你会失去信心，你会怀疑。

作为一个企业家，当你开始一个月赚1000美元的时候，你会怀疑。当你一个月达到1万美元时，你会问你是否能赚到2万美元。当你每月达到2万美元时，你会怀疑你是否能赚到5万美元。即使是5万美元，你也想知道每年有100万美元是否是可能的。当你达到百万的时候，你可能会怀疑你是否能保持下去。

我们怀疑人类。这就是我们所做的。事实上，无论你在哪里找到自己，你都可能会怀疑。

你可能不再相信获得巨大的成功是可能的。那么解决方案是什么？

根据丹的说法，你必须首先重拾自己的信心。然后你必须学会向别人灌输信心。这看起来像什么？

好吧，很多人都在寻找事情会变得更好的安全感。当你重拾信心时，别人会被你吸引。当你向他人灌输信心时，他们就会开始看到以前无法获得的机会。想想，如果你有信

第15章
你会疑惑！

心，并向其他人灌输信心，一个更好的未来就在眼前，人们会跟随你，开始组建一个团队，这个团队也会改变他们的和你的银行账户。

在经济困难时期信心不足的时候，对于那些能够引领一个更光明未来的计划的人来说，机会是巨大的。让我们假设有70%的成年人关心他们的财务未来。你成长为领导的机会是巨大的，因为你帮助他们恢复信念，相信事情会变得更好。这是挑战展示我们最大机会。因此，如果你没有像你希望的那样快速成长，那么你就可以通过恢复自己的自信，然后帮助别人看到未来是光明的，而成为一个伟大的领导者。

我们通过吸引他人并将他们纳入一个充满希望和实现梦想的未来而成长。因此，重新找回你的自信，并开始向他人展示，今天是一个真正的机会，帮助许多人为他们自己和他们的家庭创造一个令人信服的未来。向他人灌输信心。

你的薪水是数字表现，你帮助人们看到当前是困难的，但它不会长期保持这种状态。信心是关键。

海滩财富论
网络营销实现理想人生

第 16 章
我如何将小纸片变成 100 美元钞票

第16章
我如何将小纸片变成 100 美元钞票

"乔丹,你就像个魔术师!"我听不少人说过。对许多人来说,我所做的看上去像是魔法。它确实是非常简单。作为一个海滩财富企业家,你的工作就是让看不见的东西变得可见。你的工作就是让一些几乎没有价值的东西变得有价值。你的工作是帮助别人以不同的方式看待一种情况,并因此改变他们的生活。这里有一个例子:名片的价值是什么?它是由纸板和墨水做的。我花了50美元买了1000张卡片,我也可以像对待别人的卡片一样,就像5美分的硬纸板:把它扔到我的桌子上,把它粘在抽屉里,把它塞进我的口袋,然后忘掉它。

但是如果你有一张价值50美元的名片,你会这样对待吗?如果它值100或1000美元呢?假设你搬到海滩或者你最喜欢的山区。住在那里的第一周,你跟镇上数百个企业主去介绍自己，收回几百家公司卡片。根据我们的数学计算，一个镍币一张的话，你有价值5美元的名片。然而，如果每张卡片都是价值100美元，你在城里的第一个星期你就得到价值1万美元的卡片。

这里有个大问题：你如何把这每一片小硬纸板都变成百元大钞？我最近做了一个演示。我从参会的企业主那里收集了18张名片，把它们放在房间前面的桌子上排好。然后我问了一个我曾经问你们的问题，并得到了相似的答案。

我问团队，"如果他们一辈子都和你在一起，你指望别人能和你做多少生意？"他们的答案不同。最低的是2000美元，最高的是30万美元。假设一个客户的生命周期价值对我是5000美元。当我收集上百张名片时，我的工作就是把他们中的一些人变成终身客户或分销商。

每次我采取行动，我就增加了机会，一个或更多的名片联系人将变成我的终身客户或分销商（见表16-1）。

每一百张牌：

如果我收集100张名片，只做下面的行动1，给每个人打

第16章
我如何将小纸片变成100美元钞票

个电话,其中一个人成了终身客户,那么我收集了5000美元(一个客户的终生价值),5000美元除以100张名片,意味着每张卡对我来说价值50美元。我要对待每张卡片都像一张50美元的钞票!

表16-1 行为决定结果

行动	结果
1.给每个人打电话	一个人变成终身客户
2.打电话再给每人发张卡片	两个人变成终身客户
3.请每个人午餐	三个人变成终身客户
4.送给每个人礼物	四个人成为终身客户
5.给每人一些业务	五个人成为终身客户
6.跟每个人保持联系	六个人成为终身客户
7.以上全做	十个人成为终身客户

如果我收集100张名片,只做行动2,打个电话,然后给每个人发一张卡片,只有两个终身客户,那么我收取1万美元(一个终身客户价值乘以2),1万美元除以100张名片意味着张卡的价值是100美元。我要对待每一张卡片都是一张

100美元的钞票。

这一章的标题是："我如何将小方纸片变成为100美元钞票"。我本可以叫它，"我是如何将小方纸片变成了1000美元的钞票。"但我没有，有两个原因：第一，你还没有相信我。第二，我从来没见过1000美元的钞票，尽管我听说过它们存在！

如果在接下来的两年里，我在这7件事上做得很好，我预计会有10个左右的新客户，这是我关注遇到的每一个人的结果。这个假设有10%的成功率。然而，我看到一些非常有技巧的企业主高达40%~50%的成功率！当十个人成为我终身客户，我将会得到5万美元；5万美元除以100个新的名片联系人等于每张名片500美元！如果你知道每一个都值500美元，你将如何对待每张卡片和每一个联系人？

客户对你的终生价值可能远不止5000美元。对许多企业主来说，这个数字要高得多。你能看到一些企业主变得富有而另一些人却一生都在挣扎吗？仅这一章对于你就可能价值数百万美元。冒着被指责为"炒作"的风险，我希望分享关于这些活动价值的另一个观点。随着时间的推移，你建立关系网络并继续增加高质量的终身客户，其中一些客户将会推荐下线。（记住，钱是在树上长出来的！）所以一生价值5000美元的客户可能会向你推荐两个人也成为终身的客户。每个客户的终身价值就增加了1万美元到5000美元！那张小名片的价值是多少？你可以拿100张名片，从每张5美分到1000美元到5000美元不等增加价值。这是海滩财富！

真实生活的例子

在我目前的业务中，我亲自招聘了122个业务合作伙伴。我在三年内做了500个演讲招聘这些人。我估计已经收集了大约3000张名片。结果是每年大约120万美元收入（每月10万美元）。所以数学证明了每一个招聘的价值约为每月840美元。每次我发现新人，就好比我每月的收入增加840美元。

我收集了大约3000张名片，并跟每个人保持沟通：电话、卡片、电子邮件和午餐。我建立了人际关系并继续寻找机会在我的网络中向每个人介绍业务。用简单的等式，每月

10万美元除以3000名片联系人，意味着我收集的每张卡片每月给我的收入价值33美元（每年近400美元）。每次我得到一个企业主的名片，我的收入将每月增加33美元！相当酷！

海滩财富论
网络营销实现理想人生

第 17 章
一美元标尺解决方案

第17章
一美元标尺解决方案

一个简单的木尺蕴含最好的道理,规划你未来的海滩财富。你可以在当地的五金店花一美元买一个。

让我们假设每一英寸代表了你生命的2年,所以这把木尺代表了人生72年的寿命。在大约10英寸,我们开始工作生活(20岁)。我们工作到65岁。这意味着我们在大约32英寸时慢下来。

我们工作生涯中最富有成效的岁月发生在10英寸和32英寸。我们的工作经历提升、加薪,最终遭遇裁员。我们希望退休后能有一些东西来展示我们的工作。我们这么做是为了我们36英寸的生活中22英寸这一段(见图17-1)。

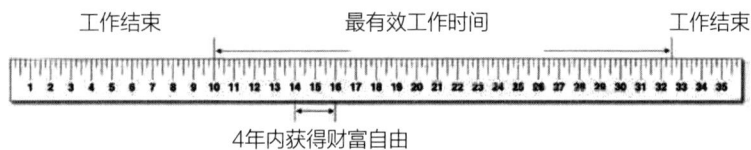

图17-1 "人生"标尺

用海滩财富的方式赚钱让你可以在2英寸的位置去做你在22英寸的长度无法完成的艰苦的工作。当你从事在一份工作时，你停止，收入就会停止。当你用海滩财富赚钱的时候，你可以停下工作而金钱会继续流入你的银行账户很多年。2英寸等于4年。一项持续4年的承诺用海滩财富的方式赚钱可以创造月度的剩余收入流，它将持续到未来。在采用海滩财富工作2英寸之后，你可以享受接下来的生活，做你想做的事。

海滩财富论
网络营销实现理想人生

第 18 章
如何通过盈亏平衡获得真正的财富

网络营销彻底改变了我的家庭生活。我们做到了从没有想过的旅行世界，养育我自己的孩子，生活在其他地方，去做所有的事情。网络营销改造我们的家庭观念，生活可以怎样。当你学会如何获得剩余的杠杆收入而不是基于交易的收入或小时工资的时候，你就可以自由地生活了。

达拉·迪哥然地
前高级美发沙龙和水疗中心的老板
19年发展49名员工
加利福尼亚州　圣地亚哥

第18章
如何通过盈亏平衡获得真正的财富

杰伊，我的一个朋友，拥有只有少数人一生能达到的智慧。他年纪大了，有很多运作业务和激励他人的经验。他的建议总是简单而深刻的。

我在科罗拉多州的柯林斯堡有了一个新的经销商。我仍然在从事我的工作，我的新业务每个月挣不到200美元。我问杰是否应该去看看这个新的经销商。他给了我一个决策模型，今天我仍然在用。它适用于任何企业包括团队培训。他说，"问问你自己，是否能让旅行不赔不赚。如果你的旅行可以收支平衡，那么在你离开之后任何事情都会对你有利。"

听了杰的建议，我决定去旅行。我的目标是收支平衡。我的新经销商——唐娜，嫁给了迈克以后，有了一个小男孩名叫坦纳。唐娜以前在镇上的一家旅馆工作，但现在正待在家里抚养她的小男孩。她想要一个在家工作的业务。她有伟大的梦想。我做了一些简单的计算，设想我的旅行会花费大约300美元：150美元机票，租车100美元，食物50美元。唐娜和迈克邀请我住在家里，这样我就不用支付酒店的房费。每次有人签约我赚100美元，所以如果这个周末，我可以帮助唐娜招聘和培训3个人，我300美元的旅行甚至可以收支平衡。最重要的是，我将会有一个机会和唐娜相处一段时间，了解她，然后给予她一些培训。这种培训可能会导致未来的增长而不需要我更多的时间和精力。唐娜可以举着火炬继续在那里建立一个团队。

唐娜为我们安排了大约8个与她的朋友的约会。我为唐娜能带来如此多的客户感到非常兴奋。这是一个伟大的开始。我们的第一个约会是在上午11：30。上午10点电话响了。唐娜朋友的儿子生病了，不能与我们会面。我们开始期待1点钟在唐娜曾经工作过的旅馆的附属餐厅里的约会。我们等了30分钟后猜想，唐娜1点钟的约会对象不会出现了。我们试着打电话，留下两条信息，但没有接到回话。

第18章
如何通过盈亏平衡获得真正的财富

一个接一个，在接下来的几个小时里，唐娜的所有约会取消或失约。没有一个人遵守他们的预约时间。

唐娜很沮丧，但我尽我所能来安慰她。她的态度很好，这次挫折没有让她低落。但是我已经借了300美元的信用卡进行这次旅行，我不得不说，我有点失望。我的目标是收支平衡，这次旅行并不是很顺利。

大约一个月后，唐娜让我再给她一次机会。但在那个时候，300美元对我来说是一大笔钱。唐娜承诺我说会有一大群人来见我们。我同意再去看一看唐娜。我还设定了一个目标来弥补我第一次旅行损失的300美元，再花来300美元支付我的第二次科罗拉多州旅行。

唐娜说她要在过去工作的旅馆租一间大房间，邀请所有她认识的人和我们见面。她还想花点钱，在当地报纸上登个大广告。通常，广告并不是最好的发布这种业务的方式，但她坚持要登一个。我星期五到，星期六早上8：30我们为那群预定要来的客人做了最后准备，包括在房间的前面设置抽奖奖品，并做了标记，名字标签，和签到表。九点钟的时候，我们准备就绪，但房间里仍然只有我们两人。9：15

分，一个曾见过的我们的广告的二手车销售员来了。（我开始怀疑这份报纸是否真的还在发行！）

二手车推销员坐在第一排，他赢了抽奖活动奖品！顺便说一下，他后来没有注册。但唐娜始终保持积极的态度，不管她遇到什么挫折，她都决定要成功。我回到亚利桑那等待唐娜的热情消退。我仿佛看见她将从过分乐观、希望有光明前景的经销商变成一个网络营销战争中疲惫不堪的牺牲品。

但是在接下来的几个月里，唐娜参加了每个团队的电话会议，并努力向许多人介绍我们的业务。作为一个母亲和一个妻子，唐娜将会每天给两三个人提供这个机会。她从里到外学会了业务，成了真正的专业人士。大约八个月后，唐娜邀请我回去和她的团队见面。她有超过850人出席！她的支票飞涨。我的最初的600美元投资和两次去科罗拉多的短途旅行费用都不在话下，在接下来的几年里，帮我赚了超过了3万美元的利润。

我总是基于一个事件或一次旅行是否会收支平衡根据做决定。如果它可以，之后发生的任何事情都是纯利润。我使

第18章
如何通过盈亏平衡获得真正的财富

用了从活动或旅行中获得的收入再投入。有时我的计算有点不太好，比计划做得少一些。然而，通常花时间训练和与经销商建立关系的好处远远超过了成本。

我已经把相同的公式应用到贸易展示和研讨会上。这些事件是很好的网络机会。有两个方法你可以采取：你可以在会议周围漫步，收集所有其他参展商的名片；或者你可以建立你自己的展览。第一个选项当然是最便宜的。举办一个展览可能会有很多工作，这通常是相当昂贵的。再一次，简单地问自己，"活动能让我至少收支平衡吗？"如果答案是否定的，我的建议是不要这样做。

我们很容易兴奋，开始想象你将在一个贸易展上赚到所有钱。有些成本高达6000～10000美元，包括摊位出租、电力、互联网、物资和旅行。这是一个很好的机会，但如果活动不能带来收支平衡。因为一个活动花费超过1000美元是很难收支平衡的，即使你有一个团队分摊费用。所以我鼓励你明智地对待这些展会。

如果你想建立一个有利可图的生意。如果你做广告，租用一个贸易展览摊位，旅行去培训你的经销商或者建立关系只是为了帮助他们成长，问问你自己，"我能让这个活动收支平衡吗？"我通过收支平衡做了几百万美元的生意，你也可以。

海滩财富论
网络营销实现理想人生

第 19 章
"请到这边来,给你看点东西!"

第19章
"请到这边来,给你看点东西!"

很多年前,我还没有一个分销商的时候,有个男人在我参加的研讨会上发言。他跟听众讲:"你的电视就是你业务挣扎的原因!"他接着告诉我们,一个人平均每天花4~6个小时在电视机前,而那些时间有效利用可以让我们在3~5年内获得财富自由。"如果他是对的呢?"事实上,我每天看大约4个小时的电视,而我总是紧张没有足够的时间来建造业务!

所以在活动结束后,我回到家,拔掉了我的电视机。在接下来的几个月里,我发现自己花了更多的钱时间阅读和倾听个人发展。我开始做更多的演讲,签约更多的人,挣更多的钱!一开始并不容易。我总是想把它插回去,但我忍住了。大约1年后,我把电视放进壁橱,2年之后,我把它给了慈善机构。到现在我大约25年没有再拥有过电视机了。在那些年里，我在网络营销挣了数百万美元。我一点也不想念我的电视。

大约5年前，我在拉斯维加斯大道买了一套公寓，放眼南北，可以看到全景。

还在城镇的时候，我想要一台平板电视挂在墙上看电影。所以我就去了电子商店大卖场，告诉销售人员我在找一个52英寸平板电视。我告诉他我想花大约750美元，不要太花哨的。

他对我说："请到这边来，给你看点东西！"他招招手，我跟着他轻快地走过商店的过道。如果有人说"到这边来，给你看点东西"你会怎么做？你会离开吗？你大概会跟着。我也是这么做的。

他带我走进一个私人展示室，"史瑞克3D"在60英寸的大屏幕上播放。我坐在豪华的皮革沙发上，戴上他递给我的3D眼镜。声音丰富而充实，电影中的人物也充满活力，整个房间充满色彩和动感。令人印象深刻的是，驴子从电视上出来跳到我的大腿上！

我问他："多少钱？"他说，"6500美元。"我说，

第19章
"请到这边来,给你看点东西!"

"我要了!"

我已经拥有3D电视5年了,总共看过了3部3D电影。也就是2000多美元一部电影!这个销售人员可能每天会做同样的演示2~5次,他可能每周卖2~5台6500美元的电视!只是因为做一个简单的演示。

我突然意识到最好的邀请是简单,最好的演讲就是一个演示。

人们会问我如何邀请人们去看一看,我就回顾我在电子商店的经历。"请到这边来,给你看点东西"和我所见过的任何东西一样有效。我的邀请听起来就是这样,无论是面对面的,还是通过电话,还是在短信中。"我想向你展示一些你可能会喜欢的东西。""我什么时候能占用你30分钟?"

我用这个已经26年了,并且已经用它完成了成千上万的约会。

当我展示的时候,我倾向于一个演示对应一个演讲。如果你有一个产品,那么你的潜在经销商或客户就会对产品进行抽样调查。如果您有一个服务,可以考虑做一个简单的演示。让他们看到你所提供的东西的力量,以及它如何帮助他们。我发现，对于你的经销商来说，做一个演示比做一个正式的演讲要容易得多。

我在30分钟内从这个推销员那儿学到了很多东西。他教我少说多展示。他提醒我简单优于好。我也意识到他没有做太多的事情就卖给我一台6500美元的电视。他做的只是向我展示。

海滩财富论
网络营销实现理想人生

第 20 章
为什么多数失败了

第20章
为什么多数失败了

我们生活在快节奏的"我现在就要"的社会。使用在线技术获取即时信息和谷歌搜索,让生活变得越来越快,让我们的注意力持续时间变得越来越短。特别在这个行业里很多关于"快速致富"的承诺树立一个期望,如果2~3个月不挣钱,我们就不做,或者"它"不起作用。我曾经就是这一理念的受害者并且每年都要更换公司,持续了大约10多年。

大多数网络营销者的衰落的原因是注意力持续时间短。我们很兴奋,我们不能停滞。当兴奋褪去的时候,我们似乎不能让它回来,所以我们继续做其他的事情。这种策略在商业中行不通。人们要实现梦想不能只有持续短暂的注意力。他们找到自己充满激情的东西,需要专注多年,经历波峰波谷。

如果我们想要吃饭,我们会把食物放在微波炉里或者跑出去要快餐。如果我们的比萨没有在30分钟内送达，我们就心烦意乱。当我们想要现金的时候，就去ATM机，几秒钟，我们就能把钱握在手中。今天，当我们用打车软件打车时，我们希望它能在1～3分钟内到达。10分钟的等待是不能接受的！我们希望今天工作，今天就能得到报酬！压缩时间框架是建立一个成功的业务的重要部分。我观察到当今大多数业务的成功是压缩低效率导致的。所以速度正在成为我们期望的一部分，这是我们看上去兴奋的方法！但是当你深入研究成功的企业所有者的背景时，在大多数情况下，他们的成功并没有在一夜之间发生。在大多数情况下，整件事情实际发生在迅速成名之前！

想想所有的研究、投资、人、时间、创造力以及在发射火箭之前需要解决的问题。在成功发射之前，已经投入了数十亿美元。生意也不例外。你是生意的终极源泉。多年的个人发展、增长和投资在大多数企业成功推出之前都是必需的。错误的开始，失败和挫折只是准备成功发射的一部分。

一群奥林匹克运动员在真正比赛之前训练数年。只有一个人带着金牌回家。

第20章
为什么多数失败了

建设高楼大厦和高速公路之前，多年的研究、规划和建设已能够提供市场价值。

一名未来的医生将学习8~10年，在赚钱之前需要先投资20万美元。然后他们会每天工作15小时，每年挣10万美元。

以500美元左右的名义投资开始网络营销的机会，在1或2次挫折之后很容易放弃。

我发现，在创业的过程中，遭遇挫折是没有理由放弃的。放弃并不是一种有效的商业建设战略。

成功的企业家是解决问题的人，对他们的业务有长远的眼光。这是唯一有效的方法。

因为进入这个行业很容易，脱身也很容易。当事情发展不好时，500美元的投资很容易被注销。已经投资数百万的公司创始人会坚持到确保公司不失败。即使他们会受很大损失。在网络营销中，"来得容易，去得也快"。易进易出！这是这类生意的好处也是缺点。即使是在网络营销中，长期战略至关重要。

我参加在加利福尼亚州举行的婚礼时，和一个成功的钻石经纪人交谈。我们谈到关于"所有者"和"雇员"之间的区别。一些公司老板感到沮丧,因为他们的员工似乎并不像他们那样在意。一些公司创始人的目标是让员工像老板一样思考。为什么?因为老板对待生意与雇员非常不同。大多数员工只是做他们的工作,然后回家。当面对问题或挑战时,员工很容易想,甚至说:"那不是我的工作!"但一个所有者会创造性地想出办法,不仅保护顾客也促使业务发展,甚至解决复杂的问题。

所有者有一个长期的视角,并且理解很多前期的投资,回报可能会在未来几年的路上。建立一家公司需要一种完全不同的心态!美国西部航空公司是由于航空业放松管制而开始的。垄断的力量主导着这个行业。美国西部航空公司有一架租赁的737和200位雇员,大多数年龄在30岁以下。许多人在20岁左右。我们的创始人决定雇佣大家。这是大卫和歌里亚充满情感的故事。我们的员工支持这项事业,尽管每年都赚不到2万美元,但我们觉得自己拥有所有权的使命。因此,我们每天工作12~14小时。我们致力于解决所有问题并提出创造性的解决方案,以及降低开支的方法,让航空公司

第20章
为什么多数失败了

成为一个有凝聚力的公司团队。这很有趣，很有挑战性，而且非常有价值。我们在短短6年时间里成长，拥有超过1.5万名员工和100架飞机！苹果计算机在与微软的竞争中也做了同样的事情。直到现在，他们的员工仍像老板一样顾全大局。

想象一下，如果你能种植20棵橡树，将它们挖洞，并在每个洞里放一个橡子。一到两年并不会有太多的树荫！如果你也变得不耐烦，期待树荫太快，你可能反而会杀死这些小植物！想象一下每月挣1000美元时，这些树有5英尺高。每月挣5000美元时，树木长到50英尺。树长到100英尺时，你每月赚10000美元。到250英尺时，树上会长出橡子，从母树上掉落，长出新树苗，你每月将赚2万美元。当这些新树最终长到250英尺，成熟的树开始落下橡子，你那时每个月会赚10万美元。你对植物长成大树、孕育新树苗有耐心吗？一棵橡树需要数年才能成熟，但是在之后的很多年里，它才会产生树荫和橡子。

网络营销者的最大的失败是短暂的注意力持续时间。一般的业务构建者做两件事中的一件。他们要么在短时间内构建、遭遇挫折、放弃；要么在短时间内建立、遇到挫折、休息两个星期到两个月的时间重新获得动力、然后再做一遍。你的经销商80%以上，因为注意力持续时间短而没有坚持一次机会。我们可以改变这一点，首先让每个人都意识到这是一个问题。

这里有三件事可以预防或解决注意力持续时间短的问题：

1. 意识到你是一个公司的老板——这是你的生意，作为一个企业主你必须要有一个长期的远景，并将你的业务作为一个长期的企业运行。构建重要内容的企业所有者不会涉足业务。当面对挑战时，他们不会考虑辞职。相反，他们会想尽方法解决问题，克服困难。有时这需要彻底改变思维或环境。每个问题都有解决办法。你的工作是找到解决方案并吸取教训，以克服这些问题。

2. 靠近火源——与那些想要改变世界的人保持联系。公司里有些人永远不会考虑辞职，经常和那些人在一起，这是参加地区和国家活动的一个重要原因。不参加公司活动可能意味着业务自杀。

3. 让它去吧——为了在长途旅行中生存，你必须学会放弃那些你无法控制的事情，每天恢复兴奋。在你的业务上点击"刷新"按钮对长期的成功来说是必要的。这是一种有学问、有意识的技能，你需要每天改造自己。

海滩财富论
网络营销实现理想人生

第 21 章
管理你的团队

网络营销为所有想成功的人创造了一个公平的竞争环境。无论他们的财务、教育或文化背景。做这个职业，我开发出的被动收入足够让我搬到美丽的太平洋西北岸。我有幸有一个自由的业务，与我一起旅行，无论我去哪里！

马克·赫德尔

前黄页推销员
网络营销每个月收入4位数
俄勒冈州　波特兰

第21章
管理你的团队

你如何管理这么大的一群人？我知道有些人实际上不会成立公司，因为他们相信管理一个团队会花费太多的时间。所有人都说，"你工作如此的辛苦！"首先，我不想和大家分享我的工作有多辛苦；第二，我想和你们分享，为什么你们建立一个巨大海滩财富收入而不需要努力工作。

这是我典型的时间表：

1. 我每天工作4个小时。在我的工作中，我将会和我的团队成员一起三方通话，分享我的机会，举行一个小组会议或培训，做一个网络研讨会，回复电子邮件，回电话。每天的其他20个小时，我睡觉，锻炼，社交，学习，阅读，旅行，等等。

2. 每周一次，我休2~3天的假，去山区。我可能会花一两个小时回复电话和电子邮件。

3. 大约每两个月，我就休息一周旅行、度假、培训（不像一份普通的工作那样一年就1~2周的时间）。

以下是我在过去12个月里所做的一些旅行：

1. 欧洲——1周。

2. 加勒比游轮——1周。

3. 托尼罗宾斯的激励研讨会——1周。

4. 托尼罗宾斯的命运研讨会——1周。

5. 芝加哥看望我的家人——2周。

6. 加州威尼斯海滩——30天，时间跨度超过12个月。

这还不包括每周2~3天去亚利桑那州的山脉。是的，如果这是工作，我在努力地工作！

那么如何才能工作得如此之少还能管理所有这些人呢？如果你正在创建或计划创建一个大的团队，这可能是这本书最重要的部分。你发展某人是让他们开始工作。管理他们不是你的工作。每个加入你的人都是独立的业务所有者，负责他或她自己的业务。如果你计划管理成千上万的人，你会有大问题。一天中没有足够的时间。你必须管理整个团队的想法是必须要放弃的准则。

第21章
管理你的团队

如果你在新业务上快速行动，你可能会每周亲自带来一个新人。如果你计划做好工作让新经销商启动，我推荐你每周不超过一个。

1. 你签约他们。

2. 你训练他们一个小时。

3. 你帮助他们带来两三个人。

就是这样！任何其他的电话或拜访都是严格意义上的社交或定期培训。

管理人不是你的工作。如果你需要管理所有你的人和他们的人，你们的团队只会成长到你能达到的程度（手臂的长度）。这会限制你的成长，只能与那些你能亲自共事的人在一起。想想看：如果你的组织成长完全依靠你，你的团队会有多大增长？再说，你的工作就是让你的新经销商启动，然后和新朋友一起工作！

回答团队所有人的问题不是你的工作。你的工作是培训新人回答他们的问题。每个人都对他们带来的几个人负责。如果我必须管理整个团队中成千上万的人，我会疯掉的！

你永远不会抛弃你的人，但你确实需要让签约的人对新经销商负责任。偶尔也会有分销商在业务上不太活跃，可能需要依靠你培养一个新人。小心总是为他们做事会削弱你的团队。

如果你发现自己在"转盘子"，你发展生意会遇到困难，因为你限制了能和你一起工作的人数。很可能在很短的时间内，你会感到精疲力竭。你的工作就是签约他们，训练他们，帮助他们签约几次，这样他们就知道该怎么做了。就是这样。然后一次又一次地重复。

取代自己

这是一种给你的团队增压的方法。你的目标是快速取代自己。在我的上一份工作中，我有一个很棒的老板。他的名字叫杰克·伯恩鲍姆。虽然我不太适合工作，但我在从事网络营销职业中，学到很多东西。杰克给了我一些关于领导力的建议。他说如果我想成为美国企业的成功管理者，我需要想办法迅速取代我自己。杰克告诉我，我需要把自己从工作

第21章
管理你的团队

中挤出来！取代我自己意味着寻找和训练别人做我的工作，能比我做得更好。我不确定是否同意他的意见，但我相信他的判断。我有一点小担心，教别人做我所做的事，可能最终我会完全丢掉工作。在某种程度，这是真的。我失去了我的工作。

在现实中，我知道通过训练其他人来完成我的工作，令我对公司变得更有价值。是的，我愿意丢掉工作，获得一个更好的机会。当我帮助别人在工作中变得更有价值时，我对公司变得更有价值。大多数经理从来没有学过这个简单的真理。杰克的教训帮助我要成为一个伟大的教练和领导者。我公司提升我两次并让我承担更多的责任。

我在20岁出头的时候就学了这一课，当时的我并不知道它会对我的未来产生什么影响。后来，我把这个信息带到我的网络营销生涯中。今天，我的目标是通过教导人们去做我所做的事来迅速取代我自己。通过取代我自己，我变成更有价值的领导者。当我更有价值时，我可以赚更多的钱。如何取代自己，让你在网络营销中更有价值？通过替换你自己，你帮助别人得到他们想要的东西。

当你训练别人去做你所做的事情时，他们会学会建立一种海滩财富的生活方式，以便赚更多的钱。你会因为帮助别人得到他们想要的东西而获得奖励。

海滩财富论
网络营销实现理想人生

第 22 章
网络营销"做"与"不做"

第22章
网络营销"做"与"不做"

当我还是个孩子的时候,我有一本儿童读物《如果每个人都做会发生什么!》,我母亲会读给我听。这是一本有插图的书,在左手页面上展示一个孩子表现出的不良行为,在右手页面上展示这种不良行为的后果。例如,左边的页面会说,"践踏猫咪",显示一个孩子踩着一只猫,右边的页面说:"如果每个人都这样做,会发生什么!"表现出一群惊慌失措的人在整个页面上踩着猫。然后左边的页面会说,"留下一团糟";左边显示一个孩子不捡起他的东西,然后在右边的页面写:"如果每个人都做会发生什么!",显示到处都是杂乱和垃圾的世界!我认为它教会了我后果的意思。

让我们看看在你的网络营销业务中什么不能做。有一个滑稽的短剧,由著名的喜剧演员鲍勃·纽哈特扮演一个精神病医生,一个抱怨的病人来寻求一些咨询。鲍勃·纽哈特建议他,停!!!然后他向病人提出了一个荒谬的价格给他建议!这部剧非常值得看,因为它提供了一些明显、有益的建议去创建业务。你可以用谷歌搜索,鲍勃·纽哈特"停止!"

如果我要抓住你做这些事情,我可能会对你大叫停!!停!!

不要做这些事情:

1. 不要为你的行为找借口——换句话说,永远不要为从事网络营销的职业道歉。满怀信心和信念面对它比拐弯抹角要好。是时候停止回避这个话题了。这是一个真正的商业,有真实的潜力,它的好处是吸引许多理解了这一点的企业主。不要踮起脚围绕着这个商业模式跳舞。如果有人开始给你难堪。你不应该再畏缩或懦弱。你不需要和他们斗争,但要坚持你的信念不要让步。别道歉!!停!!!

2. 不要在重要的事情上走捷径——这一点很重要。当我得知某人买了一张会议票,然后试着在他们的公司或团队的Facebook群里出售的时候,这让我感到心碎,因为我知道如果那个人咬紧牙关去参会,它可以永远改变他的或她的一生。很多时候不要去判处业务死刑。不去参加你的公司大会是个坏主意。如果你想要在事业上取得成功，买一张票，然后又不去，这也是个坏主意。去星巴克，可以走捷径。外出就餐可以走捷径。甚至圣诞节礼物都可以走捷径……但是不要和你的未来谈判。不要在你的个人发展上走捷径。不要在参加年度会议时走捷径。不要在工具上走捷径。我可以诚实地说，我今天能站在这里的原因之一，是因为我在投资我自己和我的生意的时候，从来没有走捷径。

3. 当事情变得棘手时，不要放弃——我可以保证。也许事情会变得艰难，你会想退出，你会很多次想要退出。我也见过一些人在不同的层次上放弃。我知道很多人没有挣钱就退出，我甚至有一个朋友每月赚10万美元退出了。他和他公司的创始人打了一架，他选择放弃每年150万美元的生意。人们在各个层面放弃。人们放弃都有自己的理由。我也知道生意失败最重要的原因就是认输，大多数失败的网络营销业务的发生是因为有人选择了叫停。当事情变得难以继续的时候，几乎百分之百是这种结果。这是你要学的最重要的教训，没有人幸免。你会认为你的情况有所不同，但事实并非如此。你可能每周都需要按下重启键，但决不放弃。对成功而言放弃不是好策略。

4. 不要第一次约会就走入婚姻——做出重要决策之前一定要相互了解。专注于去了解对方，了解他们的不同之处。我知道你很兴奋，你想和世界分享你的业务。如果在你给他们讲业务之前了解另一个人，你会有更好的机会被接纳。只是打个比方。如果你发现只有自己在"展示"，而你对他们一无所知，停止！！

5. 不要说，"我刚进入这个新的小公司……"——这不是一个新的小公司。这个陈述会在你的潜在经销商的头脑中播下一颗种子：这不是什么大买卖。这是一个大买卖！这是一个正在改变一代商业人士的数百万企业。你意识到你的小生意有一天会有100万个客户吗？计算一下。保守点，你的支票每月会有几十万美元。这个情节是可以想象的。"我刚进入这个新的小公司"这句话真的对你的生意不公平！停止使用这句话。

6. 不要谈论生意——谈论生意是死亡之吻。首先，它通常不管用，因为与你交谈的人并不可能在了解你这个人之前先了解你的生意。人们需要注意这一点。我不了解你是什么情况，但我发现自己有很多次开始给人们讲生意时，他们就会离开，我还不停地解释。当这种情况发生时，我首先控制自己。我说，"我可以和你联系，我们约定一个聊天的时间"，然后我给他们发短信，商定一个时间来展示，从开始到结束都是如此。给他们零碎、片段的生意是无效的或非专业的。所以在其他时间我们尽量其避免谈论它。安排时间见面，花整整30分钟到1个小时，向他们从头到尾展示一遍。

7. 不要什么都不做——想象如果一个生意，每个人什么都不做（《如果每个人都做会发生什么！》）你将成为一个没有增长的公司的一部分。你的业务从你开始。做些事总是比什么都不做好。完全做错了比什么都不做要好些。为什么？因为至少当你在做错的时候会得到反馈，教给你什么是不能做的。所以，与其坐等无所事事，不如做点什么。我所观察到的是，大多数人什么都不做。猜猜那些无所事事的人有什么结果呢？你猜对了。什么都没有。所以，在这个行业里，一个最大的"不要"就是什么都不做！有一天你发现自己什么都不做，不如试着做一些能促进你生意的事情。浏览你在Facebook上的好友列表，并发送10条信息请每个人都来看看你在做什么。你甚至可以说，"如果我给你发一段关于赚钱的视频你会看吗？"即便这不是我展示生意的第一选择，但总比什么都不做要好！！

8. 不要跟踪或骚扰那些拒绝你的人。如果一个人告诉了一个团队担任她对此不感兴趣，而这个人还试图招募她！那么请别那么做！停止招聘拒绝你的人。他们知道你需要他们。保持联系、善良、慷慨。寻找你能帮助他们成长的方法。随着时间的推移，当他们准备好了他们会来找你，如果你把门打开的话。如果你发现你自己追逐、跟踪、卑躬屈膝，烦扰或乞求他人加入你的事业，停！！

9. 不要安于现状——大多数人为了满足收入收缩梦想而不是增加收入来满足梦想。安于现状意味着放弃你的生活。你生下来是要飞翔的。有人曾告诉我，如果我们不打算实现，上帝不会给我们梦想。有时候，当我看到人们停止为他们想要的东西而战斗，我就会感到很不自在。安于现状是失败，安于现状是放弃。成功者不会放弃，但大多数人会失去信心停止尝试。

这些是你的网络营销不应该做的。如果你发现自己这样做，请阻止它！！让它暂停！！

海滩财富论
网络营销实现理想人生

第 23 章
创造海滩财富的策略

在当今所有的创业机会中，网络营销是最好的。它给普通人提供了一个机会，几乎没有风险，可以建立一个能够产生财务和时间自由的创收业务。我从小家境贫寒，没有父亲，教过数学，也教过16年的篮球，一直在经济上挣扎。然而，由于网络营销，我有幸赚了数百万美元，过着令人惊叹的生活，并帮助成千上万的人改善了他们的生活。你也可以，做更多的网络营销!

普雷斯利
年收入几百万美元
得克萨斯州　达拉斯

第23章
创造海滩财富的策略

海滩财富策略1：关注分销而不是销售

网络营销最大的神话就是你必须擅长销售才能成功。这完全是错误的。

我知道很多人销售技能极差，但在网络营销中创造了出色的财富。事实上，销售技巧与创造海滩财富的生活方式几乎没有关系。多年来，我看到许多成功的、经验丰富的销售人员在网络营销公司一次次地遭遇失败。那些有技巧、善意的销售人员，吹嘘自己丰富的销售经验和惊人的产品数据，我甚至无法计算与他们电话交谈的次数。我每星期都会听到这样的说法："我在过去的三年里一直是我公司的头号销售员"或者"从我进公司开始，我已经卖出了200多万美元的产品！"我的经验表明，这些强劲的销售记录在网络营销中意义并不大。事实上,销售背景可能会让你慢下来。

别误会我的意思,我喜欢销售这个职业。但我知道,对销售的关注会让你在我们的行业中收益很少。销售当然能给你带来丰厚的收入,但它本质上是线性的。要想在销售中赚钱,你必须月复一月不断地卖。如果你停止销售,你就停止赚钱!当我谈到海滩财富时,我说的是"轻易获得"的收入。海滩财富让你自由停下工作还能得到报酬。每个月销售给新客户与根本的目标相矛盾,目标是终于能退休,并在海滩上或随便哪里闲逛!

创造自由收获海滩财富的第一个策略重点是分销,而不是销售。分销是创造多个销售点的系统。你的目标是有很多很多人,每人销售几个,而不是瞄准尽可能多的销售。

这里有两个例子说明销售和分销之间的区别:

提议1:我为你提供1升瓶装汽水,每瓶1美元。你可以从我这里想买多少就买多少。这些1升瓶装的每瓶零售价为2美元。还有,你可以1美元的批发价想买多少就买多少。你想要这个提议吗?大多数销售人员都喜欢这个机会!这里的重点是销售,一个好的销售人员可以通过这个提议赚很多

第23章
创造海滩财富的策略

钱,但他可能永远不会退休来到海滩上,除非他把注意力转移到分销上。

提议2:我将以1000美元的价格卖给你一台自动售货机,售卖苏打水每份售价1美元。机器每卖出一杯汽水,你就能赚10美分。你想要这台机器吗?你可能想要或者不想。我还将购买所有你需要的产品来储存你的机器。我甚至会为你储存你的机器!现在,你想要这台机器吗?可能的!当你以1000美元的价格从我这里购买这台自动售货机时,我还会在机器上进行终身维护。如果坏了,你不需要修理。这个建议听起来更好!作为我给你的一部分,我将从机器中收集所有的钱,数一数,并为你列出一份会计报告。然后你每月从我这得到一份报告和一张支票。这还不是全部。我将给你一个无限的机会,让你在全国甚至全世界不限地点的多个自动售货机收集销售佣金。你只需要购买一台机器。我会购买所有的产品、储存机器、维护机器、收钱、数钱、整理一份报告,然后寄给你一张支票。你要做的唯一的事就是尽可能多地给我找地方。在你的网络中,每台自动售货机卖出一杯汽水,你将得到10美分。你接受这个建议吗?谁会拒绝呢?

当然，要想赚很多钱，你需要安排数百台机器，放置在许多地方。但是你只需要自己买一台机器。你不需要买产品。你不需要库存这些机器。你不需要维护机器。你不需要从机器里收集钱。你不需要数钱，甚至不需要创建会计报告。事实上，你甚至不需要放置任何其他机器。想象一下你的每台机器每售出一瓶汽水就收入10美分。如果你有1000到4000台机器放置在全国各地会怎样？

所以，你必须专注于机器的分销。你要去发现别人去买机器并教他们做同样的事情。就是这样。你的工作不是销售苏打水，而是分销设备。这是一个非常重要的区别。它决定了这只是另一份销售工作或者你是否创建了一个能带给你海滩财富的分销网络。

随着你的机器网络和机器经销商的发展，每出售一杯汽水得到10美分佣金。你与其他的机器经销商平分那10美分。你基本上是免费"获得"，因为你的参与是有限的。你的工作就是让人们开始安装机器并在系统上训练他们。

在网络营销中，你一次性购买一个分销中心成本在100～1000美元之间。您可以选择每个月买一些产品供你自

第23章
创造海滩财富的策略

己使用，也许卖给几个好朋友，但仅此而已。你的现金投资与大多数传统企业相比非常低。之后，你不需要购买更多的分销中心。您的主机公司会为你做一切，除了新分销中心营销。这是你的工作。创建大量的分销点销售产品，你会赚很多钱。

在上面的提议1中，你可以大量购买产品按批发价格1美元，然后2美元再卖出。但是为了赚钱，你必须保持销售产品，没有时间去海滩。在提议2中，你帮助创造大量的分销点。想象一下，每个汽水机都是你网络中的一个经销商。主办公司将生产和销售产品并收集所有的钱还会将销售和佣金的明细生成会计报告。主办公司甚至会管理你的网络的谱系。你只需要帮助公司创建多个分销点，通过你的分销网络，每销售一个产品，他们就会给你几个便士。这是真正的海滩财富！随着你的网络的增长，你的收入增长。你得到了世界上最好的东西。

如果你擅长销售，那很好，但是创造海滩财富自由的第一个策略则是关注你分销的努力。建立一个人的分销网络，每个人买一点产品，然后卖给一些回头客。

海滩财富策略2：关注被动的、非线性收入而不是主动的、线性收入

如果你想找一份更好的工作或者从你的老板那里得到加薪，你永远不会有一种海滩财富的生活方式。在一个组织中获得加薪和升职是很好，可你的余生将会一直工作。但是如果你想要有更多的自由时间以你想象的方式生活，你必须立即将你的注意力转移到一个有被动、非线性的收入的机会上。不要等待，现在就做。有一个学习曲线，通过马上参与兼职的机会，你就会开始获得思维定式和必要的技能创作你的海滩财富生活。

不要只是说说、不要只是计划、不要只是读读，要立即采取行动。一旦你进入游戏和志同道合的人在一起，就会开始走向你的梦想生活。问问你自己，"如果我接下来的5年做这份工作，然后停下来，我能舒适地生活在我选择的地方（海滩、山脉、沙漠）吗？"如果答案是否定的，那就立刻找个创造被动、非线性收入的机会。

海滩财富策略3：成为你认识的最好联系的人

要想成为一名海滩财富企业家，你必须吸引有人脉的人。有人脉的人在他或她的人际网络中有很多关系。有人脉的人不需要太多帮助就能快速发展网络，因为他们的网络已经在那。他们有已经建立了牢固的信任关系并且可以很容易地迅速组建一个团队。成功人士是有人脉的并能够吸引其他成功人士。因此吸引有人脉的人最好的方法就是自己有人脉。

当我二十出头的时候，我选择成为拥有大名片盒的那个人。我想要被称为有人脉的人，万一有人需要我，我有关系。我建了一个大名片盒并与很多成功的企业家建立了关系。如果有人需要一个出版商，我就知道一个出版商。如果有人需要一位室内设计师，我就认识一位很棒的室内设计师。如果有人需要一个好的屋顶工人，我可以很快地把他们介绍给一个出色的屋顶工人。

作为一名人脉广泛的海滩财富企业家，我现在可以迅速、轻松地给我的网络中任何人打电话，请他们帮个忙。我

很少向别人寻求帮助,但当我给网络中某人打电话,向他们介绍机会时,大多数人会立即同意,因为我已经建立了一个诚实和值得信赖的名声。不是每个人都会和我合作。但是有人脉的人从一开始就能产生巨大的影响。

海滩财富策略4：确保你的环境支持你的事业

我想我可能天生是企业家。我的妈妈告诉我,她记得我不断地在家发明东西。我随便拿些家用物品,比如厕纸卷,埃尔默的胶水,弹珠和建造装置展示给我的朋友。有一次我开了一个柠檬水摊,向顾客提供加五分钱免费续杯的服务。老早以前,我就在寻找方法,通过提升价值,来从客户那里获得更多的钱。我当时有份送报的工作,我想办法通过给予个人关注来增加我的小费。事实上,小费成为我的报纸生意中最令人兴奋的部分。

我小时候就有企业家的潜质,但是我父亲有一份固定的工作,我所有朋友的父母也是如此。我不记得有任何创业模式出现在我的生命中。我们的家人也从来没有说过要拥有一

第23章
创造海滩财富的策略

家企业。

大学毕业后,我开始意识到我是一个被困在工作岗位上的企业家。我总是被创造事物、建造东西和赚钱的想法所吸引。但我的环境从来没有支持过这些兴趣。在我成长的过程中,因为我那些疯狂的想法,我经常被嘲笑。我总是觉得被拉向两个不同的方向——我的精神会让我开始创业,但我的大多数朋友和家人都说我是个疯子。这场拉锯战持续了好几年。有时我觉得自己像个外星人。我知道你可能会面临这样的困境,因为你正在读这本书!当我开始遇到像我这样的人时,我意识到我不孤独。许多人分享我的创业动力,但因为他们没在我的圈子里,我从来没有见过他们。他们中的大多数人都曾被嘲笑过,也被当作孩子一样取笑。我开始意识到我并不是疯狂。我得到了一份礼物。我被引导到一个令人兴奋的、不断变化的自由企业世界。但是我的环境从来没有支持过我的事业,所以现在我需要和志同道合的人在一起,去追求我们共同的理想。

我最近和一个年轻的女士谈生意。她二十出头,已经尝试了许多不同的创业项目。当她告诉人们她的想法时,他们通常是悲观的，并告诉她所有的原因，为什么她的想法不会实现。然后她就会感到压力并怀疑她是否应该追求她的梦想。她曾被训练成一名教师，她的最新想法是开办一家企业辅导有天赋的孩子。因为她周围的人大多数都不是企业家，也没有商业头脑，他们并不真正了解她在做什么或她为什么想要自己做生意。所以，她又一次满怀兴奋地被那些不理解的人攻击。这种模式已经成为她焦虑的根源。

立刻与志同道合的人一起开始你的生活。和其他的企业家交朋友。你会发现，当你和其他正在创业的人在一起时，你会得到你想要的鼓励和支持。你也将学会如何处理自己创业期间的情绪起伏。阅读成功的商业建设者的传记和自传。你会发现，他们中的大多数人都有一些非常规的想法——甚至是令人吃惊的——而且大多数人也受到过朋友和家人的嘲笑。

接受阶段：

1. 当你第一次分享商业想法时，你被贴上了"疯狂"的标签。

2. 一旦你取得了一些成功，你就被贴上了"梦想家"的标签。

3. 当你的商业理念让你变得富有时，你就被贴上了"幸运"的标签。

意识到我和大多数人不同，对我来说是一个突破。我的想法与众不同，尽管有很多像我一样思考的人（你可能是他们中的一员！）还有更多的人没有。我选择与那些支持我的生意的人在一起。你很快就能认出那些有企业家气质的人。他们是你想拜访的人。

大约每两三个月一次，我就会带着成功的企业家去好玩的地方（有海滩！）像塔霍湖、圣地亚哥和夏威夷。我们分享故事，讨论投资和伙伴关系的想法。我们从对方那里获得灵感。最重要的是，我们感到欣慰的是，我们是一群具有创业精神的特殊群体。

海滩财富策略5：交朋友没有日程表

我有很多朋友，大多数都和我有生意往来。但如果我追求友谊是想让他们和我做生意，我就不会有很多朋友了。

结交朋友，而不是做生意。如果你为了做生意而结交朋友，你就会像认识他们那样快的失去他们。你可能不会得到太多的生意。

我的朋友们喜欢和我做生意，因为我尊重我们的友谊，不要为了个人利益而利用我们的关系。我有时会被问到："为了商业机会，你如何接近朋友？"但我从来没有因为生意接近我现在的朋友。关于业务。假如他们感兴趣或者想要推荐人给我，我需要确保他们知道我在做什么。就像我可以分享一个爱好或一个激动人心的故事一样，我想告诉他们我在做什么。但我不会去强迫他们，或试图去招募他们。

告诉别人你做什么和试图让他们加入你的生意有什么区别？真的，就是你的意图。我不会和他们分享我的生意，让他们参与进来。我想听听他们的成功和挑战。我想听听孩子们和他们最后的假期。我还想知道他们是否已经开始了新的业务。告诉你的朋友关于你所做的事情不要利用你的友谊。想象一下，你的一个朋友参与了一个每月8000美元的生意。如果你发现他有机会和你分享，但从未有过，你会有什么感觉？

第23章
创造海滩财富的策略

当我告诉别人我在做什么,他们开始问问题,他们已经表达了兴趣,并允许我继续下去。这时,我可以给他们更多的信息,回答他们的问题,如果他们愿意,甚至邀请他们去看我的生意。

海滩财富策略6:为自己和他人创造难忘的经历

人际关系是维系团队的黏合剂。一起玩的团队待在一起。没有什么能比得上和一群有着共同愿景的人聚在一起。你的团队会记住这些经历并与他人分享。当人们玩得开心的时候,他们想要留下来。每个人都想成为一个有趣的团队成员!

这是你能为自己做的最有价值的事情之一,你的团队是在有趣、积极的环境刺激下凝聚在一起的。我甚至发现没有必要围绕这些集会进行结构培训。分享故事、大笑、讲笑话、交换鼓舞人心的技巧,这些经历对你的团队来说比任何你能提供的培训都要好。

为你的团队举办派对、安排行程、在周六早上见面喝

咖啡、去滑雪、过夜或者一起乘船游览。你不需要为团队参加这些聚会的人付钱。只是组织旅行，让他们自己付费。考虑在公司培训活动或会议之前，给你的团队做一顿特别的晚餐。想想在海滩上这样的聚会吧！

我建议大家每月至少聚会一次。你可以通过让人们定期聚在一起玩发展一个庞大的组织。让你的团队成员邀请客人。大多数客人最终都会变成你团队的成员。每个人都可以玩得开心！你可以成为催化剂，为你的团队创造有趣和难忘的经历。当你的团队发展到其他城市时，鼓励你的领导去做同样的事情！

如果你的团队很小，那也没关系。从小做起。三四个人聚在一起，租一部励志电影，订个比萨。这就是我们的工作方式！附带说明一下，这些聚会对建立你的事业至关重要。这意味着你要从纳税申报表上去掉这些合法的商业费用！

海滩财富策略7：投资你自己和他人

一个收入特别高的人曾经告诉我，公司会议上的人，一年之后，可以乘以100。这听起来很离谱，但我相信他可能告诉我的是真相。所以我找到了两个非常积极的经销商，他们似乎在经济上相对困难。我把他们配对，并提出购买他们的会议门票。我还告诉他们，他们可以把旅馆房间分开。这两个人参加了会议并继续建立了一个1000人的团队。现在每年我将年会门票送给几个人。不保证一定有用，但是当你投资于你自己和你的人时，你永远不会犯错。

有一年，我读了奥格·曼狄诺的《选择》。我非常喜欢这本书，所以我买了上百本作为节日礼物，与我所有的领导人分享。

我把我收入的5%用于个人发展。我每个月都买书和CD来满足我个人成长的需要。我注意到，当我自己工作的时候，我倾向于吸引那些自己也在努力工作的人。这些正是我想要的那种类型的人！我每年至少参加2~3个星期的培训活动。我遇到许多其他鼓舞人心的领导者，每次的参加都帮助我提高新的水平。

我听过一些苦苦挣扎的经销商说他们负担不起任何东西。这是一个不好的借口，它会阻碍你的成长和发展。你是一个企业家。企业家是有创造力和足智多谋的。去图书馆或者和另一个经销商分摊成本，直到你自己有能力购买书或CD。有很多机会参加网络营销公司提供的免费的研讨会。更不要错过无限的在你们公司的高层领导周围成长机会。成功的海滩财富企业家对他们的时间和金钱都很慷慨。他们一直投资于自己和他人。

海滩财富策略8：梦想

在一次偶然的情况下我有幸结识了两位亿万富翁，同时也花了几百个小时和千万富翁一起相处。虽然他们的个性很不一样，但我注意到他们也有一些共同之处：

1. 他们有远大的梦想，他们谈论自己的梦想。

2. 他们的咖啡桌和书桌上有杂志和相册，包含一些他们梦想的事情。

3. 他们阅读书籍，听CD帮助扩展他们的梦想。

我记得在一个亿万富翁14000平方英尺的家里，我坐在沙发上。在他的咖啡桌上有一本马场杂志和一本私人飞机杂

第23章
创造海滩财富的策略

志。当我坐着翻阅杂志时,他告诉我他的梦想是拥有马场和私人飞机。

你可能不会梦想大房子、飞机或马场。也许你的灵感来自不同的梦想。重要的是你会想象得到想要的东西时内心很满足。你必须开始体验你想要的梦想,它曾经进入你的生活。

我遇到过很多人,他们已经停止了梦想。我让他们中的任何一个人写下他们在生活中想要的十件事,他们将会有一段艰难的时间。孩童时期,他们几乎肯定有远大的梦想。当他们长大之后,可能有家人和朋友一次又一次地告诉他们,这些理想不可能实现。所以最终放弃了他们的梦想。

我允许你再次做梦!你的完美生活是什么样的?有什么感觉?谁会在里面?你会做什么?我知道没有任何一个人能够建立成功的企业,而对他或她梦想的生活是什么样却没有明确的信念。

海滩财富策略9：行动并调整；不要分析

分析是一个逻辑过程。要知道你的成功不是符合逻辑的。大多数伟大的成功故事都不符合逻辑。你如何处理它们将决定你在旅途中做得如何。你的薪水将是你的衡量标尺。

想想看，离开一份工作，生活在海滩财富中，将是全新的体验。目前还没有证据表明这种情况会发生。但你知道吗？几乎每个创造了财富自由的人也没有证据证明他们有可能会获得成功。

你知道自己想要什么。很有可能，即使你认为一切都明白了，它不会像你想象的那样发生。当我从工作了13年的公司离开，我以为是世界末日。我一点也不知道那是收获第一个百万美元的年份。一开始我没有任何兴趣。如果我没有离开上一家公司，我不会写这本书的！通往成功的旅程几乎从未以你所期望的方式展开。试着分析、计算只会推迟你的成功。现在就行动，在前进的道路上进行调整！相信你会学到你需要学习的课程。你不能预先计划好一切，但是你越早开始采取行动，你就会越早开始海滩财富的生活。

海滩财富策略10：
聚焦你的人际交往能力，而不是技术技能

一般来说，做技术的人都是为有人际能力的人工作。领导力是创造海滩财富生活最有价值的技能。技术是至关重要的，幸亏不是每个人都想做领导，否则就没有人处理技术性事物。没有在技术领域工作的人，我也不能经营生意。我给他们钱，把他们当作最尊敬的人。

但是，如果你想要很多海滩财富收入，你可以在建立团队或建个网站之间选择，我建议你花时间建立一支团队，以积极的方式影响人们。你可以雇佣计算机专家来运行你的技术，我认识最富有的人甚至连自己的电子邮件都不回。

读一些书，比如戴尔·卡耐基写的《如何赢得朋友和影响他人》和大卫·施瓦茨《伟大思考的魔力》。成为沟通、社交、建立人际关系和公开演讲的大师。当你发展你的领导能力和沟通技巧时，你会发现作为一个专业的团队建设者有很高的需求，你会得到丰厚的报酬！

海滩财富策略11：尽可能地外包

我的团队成长到几千人时，我的一个明确目标是保持外包。换句话说，我想要尽可能地解放我的大部分时间。而不是试着去学习所有的事情，我付钱让别人去做我不能做或者不愿意学习的事。我花了好几年的时间才发现，我的时间最好是花在建立我的事业而不是体力劳动或者单调乏味的、无趣的任务上。我从来都不擅长会计记录。我不喜欢打扫卫生。我没有兴趣学习修理汽车。我不喜欢的东西耗尽了我的精力，比热爱这工作的人要花更长的时间。

我的会计员，会计助理嘉莉·普特曼，救了我的命。然而，我开始让她做记账和支付账单时，我想我可能会失去财政大权。放弃控制财务记录的想法让我很紧张。四十五天后，我意识到这是我做过的最好的商业决定。它使我完全摆脱了每个月的压力。嘉莉和我一起成长，现在她负责处理我所有的财产记录和付款。

一开始，你可以雇一个清洁工每月来做两次。随着业务的增长，你可以增加频率。很简单，付钱给别人做你不想做的事或你不擅长的事。

不要对自己喜欢做的事撒谎。换句话说，如果你真的不喜欢景观美化但却没有足够的钱雇一个庭院设计师，不要试图说服自己做景观设计的练习。相反，你要努力发展业务，雇佣一个热爱景观美化的工作的人！对于你不喜欢做的每一件事，只要花一小笔费用，都有人为你做，而且别人可能很喜欢。这并不是懒惰或自命不凡，是释放你的时间，你可以做你喜欢的事情，有时间和你的家人在海滩上！

海滩财富策略12：你的信息保持简单一致

我遇到了一个人，他教会了我简单的价值。他在10年内建立了有一个200多万分销商的组织。我想他知道一些关于复制的事情。我开始做生意时，曾经带人听过他的全国演讲。他在每个城市都要讲一个小时，他说他每次讲的都一样，从未改变内容。我可能听他讲过上百遍。每一次，我都听到同样的信息，这似乎太简单了。第三次听后，我确实有点厌倦了。

但是我的新经销商们第一次听到他的演讲时一点都不觉得无聊。他们都放松激动地听到我们的生意有多简单!

他曾经说过,当你在信息中添加额外的东西,会降低你的成长。他教了一个基本的三步计划(听上去熟悉吗?):

1. 得到几个经销商。

2. 得到一些新的客户。

3. 帮助你的经销商开始做同样的事情。

每当有人问他一个复杂的问题时,他会说,"我不是很确定,但是如果你出去,找一些经销商,教会他们找到几个新顾客,并帮助你的经销商也开始做同样的事情,公司会给你钱!"

现在,我知道他有答案,但他不会回答。他只会重新关注每个人的注意力回到三件基本的事情,他的团队可以增长,他们可以赚钱。

我注意到那些遵循他的建议的团队爆炸性增长。事实上,信息越简单,团队就增长越快。所以我把这个概念带入我的下一个事业。利用三步计划,我们建立了一个在网络营销的历史上增长最快的团队。现在每次我被问到复杂问题,

第23章
创造海滩财富的策略

我会回复简单信息。我通常会说,"我不确定,但我知道如果你签约一些分销商,注册一些新客户,帮助他们做同样的事情,你会与我们一起开始挣钱!"

如果你很难解释它,它会放慢增长。如果其他人很难理解它,它会放慢你的增长。我的经验是,如果一个8岁的孩子不能做,就考虑不做这件事。如果一个8岁的孩子无法解释,那么你最好也不要做。真的那么简单。

海滩财富论
网络营销实现理想人生

第 24 章

自由

第24章
自由

在你寻找海滩财富的过程中,作为一名企业家你将经历过山车似的高峰和低谷。当你克服了看似不可逾越的困难后,你就会成长,攀登成功的阶梯。你将会得到愉悦的高潮,庆祝你获得新的成就。

对不同的人来说,海滩财富有不同的含义。海滩财富是自由的象征。你可以摆脱大多数人所经历的财务困扰。海滩财富也可以腾出你的时间,以便在你想做的时候可以做你想做的事情。

你可以选择花更多的时间和家人在一起或者全世界旅行。你可以在欧洲的阿尔卑斯山滑雪,或者在苏格兰的城堡里过夜。

你能想象回到大学获得一个高级学位而不用担心去找工作会是什么样子吗?你想过写你的第一本书吗?你想去哪里

最能完全激励你？海滩财富是真实的，而且今天就可用。

这里有一些海滩财富的真理，考虑开始建立你的梦想生活：

1. 不需要经验——你不需要任何特殊的教育或经验来拥有海滩财富。

2. 完美的商业——网络营销提供了一个简单的、低成本的、创造海滩财富的机会。

3. 几乎没有风险——网络营销可以让你做生意，没有自己创业的一般风险。

4. 持续的剩余收入——通过专注于这样的机会，你只需要工作一次，就能一次又一次地获得收入，你就可以在2~5年内获得可观的海滩财富。

5. 你最伟大的礼物——通常你最大的恐惧和最大的障碍代表着隐藏的机会，这些机会将引导你走向海滩财富生活。拥抱他们，尽管有时你的礼物要孕育好多年。

6. 休假——你可以工作几年，停止工作，在你停止工作后继续得到报酬。

当你开始关注这些海滩财富的真相时，你之前无法获得的机会将出现在你的生活中。从你的新观点来看，你会认识到无出路的活动和改变生活的机会之间的区别。你和那些已经真正实现财务自由的人之间的主要区别在于那些拥有海滩财富生活的人相信这是可能的，他们在很长一段时间里都持这种信念。

关于海滩财富的故事还有很多

你读这本书的主要原因是你对拥有海滩财富感兴趣。这里面有一个悖论。仅仅因为你想要它，专注于它并追求它并不能保证你会拥有它。你对海滩财富的兴趣和信念只是这个等式的一部分。你必须投入足够的精力去帮助别人实现他们的"海滩财富梦想"，就像为实现自己的梦想那样。

当你训练别人去相信他们自己，追求他们的梦想并采取行动时，你将会播下希望的种子。当他们成功的时候，你也会成功。事实上，你能帮助实现海滩财富梦想的人越多，你就越接近你的梦想。

恭喜你，离海滩财富生活更近了一步。

海滩财富论
网络营销实现理想人生

BEACH MONEY

乔丹问答

乔丹问答

问：六位数的网络营销收入真的有可能吗？

答：这只是数字。如果你的组织的业务量持续有六位数的收入，那你就会挣到六位数的收入。我们的收入反映我们相信自身的价值是多少。我有超过100个好朋友挣到六位数的被动收入。大约30个人每月就能挣到六位数。直到我20多岁，我每年收入从来没有超过35000美元。我工资最高的工作每年付给我28000美元。1995年，我与一群高收入的网络营销者坐在一张桌子，我开始相信我也能。从那时起所有的事情都变了。

在一个载人飞行被认为是不可能完成的世界里，奥维尔·莱特和威尔伯·莱特冒着生命危险和全世界的嘲笑来证明他们心中已经知道的东西。除非他们相信，否则他们是不会这么做的。

网络营销代表了世界上最大的经济，每年税收收入差不多达2000亿美元。就像娱乐和职业运动的生意，大明星挣到数百万。网络营销没有什么不同。每一个挣钱多的人都是从新经销商开始。

我最初的10年，网络营销所有的收入加在一起是0。从第11年到现在，我已经挣了超过2000万美元。还有很多人完成得更多。是的，挣大钱是可能的，要有信心、愿景、专注、并且勤奋工作。

问：为什么你喜欢将网络营销作为业务模式？

答：网络营销提供的业务对任何人开放，不需要购买产品，没有收入潜力限制，没有库存，没有运输，真正的被动收入，这项业务可以在任何地方做。我还没有见过哪件事有这么多优势。你的公司承担了所有的重任，承担了大部分的开销。这是理想的业务。

问：显然我还是不知道我在做什么，为了最终掌握网络营销有什么建议吗？

答：当我学习了语言、特性、规则和技能掌握了开直升机的游戏时，一个全新的世界向我打开。我开始第一次看到原来不曾见到的事物。我现在从一个全新的视角体验生活。这对你和你的网络营销同样适用。如果你从来没有成功地做网络营销，那是因为你没有掌握游戏的语言、特性、规则和技能。很容易会怀疑它是否真的适合你。我已经经历了很多次学习开直升机，但我还得再学习深挖其中的含义。但在旅途中，我能体验到大多数人从未做过的事情。我可以看到一些大多数人都看不到的东西！随着时间的推移，经历的挫折和突破会让你走上个人成长的道路。当你个人成长的时候，你就会获得力量。这种力量给他人的生活带来巨大价值的潜力。当你这样做的时候，你的收入就会增加。

问：当我第一次遇到他人时该说什么？

答：不要关注你对他们说什么，而是你想从他们身上学到什么。说什么是针对你自己。学习什么是针对他们。我前段时间光临了一家星巴克，我问柜台后面那个小伙子，他在那里工作了多长时间。他告诉我，他只是为了好玩才这么

做,他还开了两个小"蒸汽"商店,他雇了一些人来为他运营。他告诉我,他的家族拥有世界上最大的美甲沙龙集团之一,拥有280多家门店。在一次简短的谈话中,我学到了很多关于他的知识。然后我简单地说,"我们需要找个时间聚在一起讨论一些想法!"当你遇到新朋友的时候,花点时间,真正了解他们。把你的生意放在你的包里,作为一件非常特别的事情,只有在时机合适的时候才会提供。

问:我最近介绍了7次业务,但是没人签约,怎么办呢?

答:当这种情况发生时,你可能会开始怀疑你是否已经失去了你的触觉,市场是否已经改变了,或者你是否已经失去它了。这是一个正常的反应。我已经经历过多次这样的干旱期了。我知道这很令人沮丧,但我也知道,如果我和这7个人保持联系,至少有3个人会在接下来的几周或几个月内注册。关键是不要让你的干旱导致你的毁灭。大多数人感到气馁就停止工作。如果你想做一个成功的企业,你不能让这种情况发生在你身上。继续前进!有一次,我把公司的业务介绍给了28个人。慢慢地，几乎有一半的人注册了，因为我没有放弃，我和他们都保持着联系！

问：如果我害怕，我该如何向人们展示业务？

答：大多数值得做的事情都会让你走出自己的舒适区。当我正在努力获得我的直升机执照时，我必须学习的大部分技能都超出了我的舒适区，我有时也害怕继续下去。但我学会了相信过程。今天，我曾经害怕的事情已经变得很平常。专注于最终的结果和你想要的梦想而不是你害怕什么。你可能仍然会害怕。这是正常的，直到你感到舒服为止。这是你为实现梦想付出的代价。

没关系。每个人在开始的时候都很害怕。有时这种恐惧会不断出现，甚至会持续一段时间。当你经历恐惧时，尝试去重新定义它。看看你是否能从你的恐惧中产生一些兴奋，或者放弃你对结果的依恋。

当著名脱口秀主持人拉里金对著名政要进行采访时，他因为恐惧两眼发黑。他会对自己说，"不管怎样，我不会死，它会在一个小时结束。"这使他渡过难关，他会在采访

结束时对自己的表现感到很高兴。

这些心理策略可以帮助你渡过可怕的难关。你不会死的。你可以向人们展示一些让他们的生活变得更好的东西。在体验中豁出去，试着去享受乐趣。大胆地对你的演讲充满信心。

慢慢地，事情会变得更容易，现在你回顾过去一年，嘲笑你曾经害怕的荒谬吧。

问：我怎样才能让那些没有动力的推销员工作呢？

答：哈哈。真希望我能有个答案！如果你想在你的项目中赚到钱，让需要你打气的人走，去找比你更好的人。1/3的人什么都不做。1/3的人做一点。1/3的人会做得多一点，30个人中会有1个人带领你的组织到千人。别抵制。使用它！每个月发展1~4人，2~3年的时间。给每个人一个机会。训练他们，给他们所有的工具。你带每一个人走两步。但如果他们不给你回电话或做任何事，那就去赞助另一个吧！有成千上万的迈克尔·乔丹还从来没有拿过篮球。

乔丹问答

问：有人说他们感兴趣，然后他们不给你回电话，你是怎么处理的？

答：大多数人都有充实而忙碌的生活，充满了分心的事。我们真的很少知道某人的生活中发生了什么。有上百种可能的原因可以解释为什么他们不能给你回电话。他们最近可能收到了一些悲惨的消息。他们可能是在家庭旅行或感到过度的财务压力。我的建议是把他们列在你的清单上，并继续保持联系。不纠缠，只是送卡片或小礼物，定期打电话，发电子邮件等。如果你的公司有一些特别的更新或新闻，请让他们知晓。在某一时刻，他们可能会重新参与，但现在将其归咎于"不是现在，也许是以后"。为了让你拥有一个庞大且不断发展的网络营销业务，你将不得不放弃对结果的依恋。这可能会让人沮丧，需要很多耐心。有很多在一段时间内蒸发了几个月，然后又回来了的情况。

问：如果我想在接下来的24个月里每月签下3~5个分销商，有好的策略吗？

答：嗯，如果你的公司提供了一种方法，人们可以实验

或"尝试"产品，我认为有一个月度滚动的策略，将它每周介绍给5个人（大约每天1人），这是一个三步系统。

1. 从你的清单上找一个人试试这个产品。2. 告诉他们，如果他们同意和你一起观看视频，你会给他们样品。3. 让他们把你介绍给一个人，你给他们产品，让他们试着看视频。尽可能多地通过推荐，直到有人说他们想成为一个经销商（最终有人说他们对观看视频感兴趣）。在这个过程中，你也会得到一些产品用户。当有人说他们对分销系统感兴趣时，请回过头来问上面的每一个人，如果他们想要成为那个说"是"的人的赞助商，就去看视频并试用产品。然后继续。我在一个周末找了7个人来做这件事。所以在一个月的时间里，你可以把你的生意介绍给20个人做这件事。当一个人说"是"的时候，回到这条线上，把所有想要的人都加入进来！这样做，每个月都要教这个，看着你的生意兴旺起来！

问：我的上级已经不再工作了。我该怎么办？

答：我建议你做同样的事情，如果你的上级在经营业务的话。你并没有得到上线所做的回报。你在你的下级创建的客户数量得到报酬！最有可能的是，如果你的上级退出了，他们也不会对你有多大用处！不管怎样，你是在一个好公司，因为网络营销的大多数成功人士都没有活跃的上线。这是你的事业，所以我建议你承担全部责任，不要把你的上级作为无所事事的理由。你是领导者。总是从你开始。是时候开始工作了，填满你的日历，停止使用你的上级作为失败的理由。

问：我不是一个大梦想家。在所有这些网络营销研讨会和书籍中，他们都在谈论寻找"为什么会让你哭泣"。我没能做到这一点。我想建立一个能给我带来剩余收入的业务，但我没有每个人都在谈论的那种雄心壮志。

答：这是"我怎么了？"的问题。我们每一个人都是不同的。我们有不同的兴趣、信仰、野心和梦想。事实上，最顶尖的网络营销人员也不是一直在开车。所以，不要再自暴自弃了，开心地建立自己的事业。没有必要把它变成一件严肃的事情！谁在乎你为什么哭泣！即使你是不是确定原因，也没关系！如果你一个都没有，也不用这样。我的朋友马克（《为生活过把瘾》的作者）想要先替换他的手机账单，然后是他的汽车账单，然后是他的租金，等等。今天他通过网络营销剩余收入支付他所有的账单。我非常怀疑，当他幻想着他的电话账单是用剩余收入支付的时候，是否会流泪。所以，也许是时候放松一下，开心地做你的生意了！

问：我怎样才能让它增长得更快？

答：首先理解"它"不会增长。人会！你的团队由工作人员组成，因为他们想要更好的生活，客户使用你的产品或服务！所以当人们受鼓舞去行动，你将经历增长！

假设你有一棵美丽的树，每周都长一点。你想让它生长得更快，所以你尝试一种新的植物肥料。这不会让它长得更快，所以你试着挖出来放在另一个盆里，你试验把盆放在一个新的地方，结果植物失去了一半的叶子。你尝试额外的水和更多的植物肥料，然后你又重新种植一次，它失去了剩下的叶子，你想知道为什么。给它额外的水和植物肥料做错了么？你把它重新栽了两次吗？专家告诉你，你需要它生长得更快！他们对你撒谎了吗？不！！在特定环境下，你做了正确的事。然而，如果你有耐心，坚持植物护理基础的计划，你的结果会好得多。

问：我怎样才能让我的家人看到这个？

答：最重要的是，如果他们还没有准备好，不要试图让你的家人"看到"。如果你强迫他们，你就会把他们赶走。不要推他们，也不要和他们争论。这将使事情变得更糟。给他们空间。这可能需要时间和耐心。如果你的配偶抵抗，那么让他/她打开并兑现你的支票，即使支票上数额并不多。如果你的家人不支持你，那将是一个挑战。但这并不是路的尽头。让他们知道你的目的是获得他们的支持，你的目的是为家庭提供更好的生活。

问：招聘时我应该瞄准谁？

答："目标定位"是一个来自传统商业世界的术语。在网络营销中针对特定类型的人有两个问题。第一个问题是，那些认为会做的人不做，而那些你认为不会做的人会去做。

第二个问题是，你永远不知道谁会带你去。网络营销中定位人群通常是个坏主意。你会发现，你非常肯定的人不会去建立实质性的组织。我也有一些糟糕的商业建造者把我导向一些不可信的领导者。不要提前判断。我唯一寻找的是一个开放的、有点饥饿的人。但如果给我一个选择，我更愿意和有关系的、积极的、有创业精神的人交谈。也许这就是你应该"瞄准"的人。

问：当我试着安排一个约会时，人们似乎会抵制我。有什么建议吗？

答：你有没有走进一个没有打开的玻璃门？哎！这就是当我们试图向一个不愿意看的人展示我们的机会时所发生的事情。如果门是开着的，我们可以直接进去。如果它是关闭的，但我们看到有人在玻璃后面，我们可以问："你开放的吗？"如果他们说"是"，我们就可以直接进入。玻璃是看不见的，很容易走进去，所以它有助于询问门是开着还是关着。如果门是关着的，那么如果你试着不经允许进入，就准备好从玻璃进。所以只要问这个问题，"你是开放的吗？"

问：我带来了我的前3个经销商，我想让他们有动力。已经两个月了，他们什么也没做。我能做些什么来激励他们呢？

答：试着激励你的经销商是一个疯狂的方法。每个人都将根据自己的生活决定在何时间来做这件事。只是鼓励和告知他们。让他们意识到即将到来的活动和会议，并邀请他们参加每周的电话会议。然后你继续发展，直到你找到一些不需要任何动力的人。

做你想让经销商去做的事。不断地发展新人，鼓励他人参与。这是你要做的。不要试图去激励别人，即使你是超人或女超人，你也很可能无法让你的员工去工作。我们的工作不是把所有变成我们，我们的工作是找到比我们更好的人。

建立事业意味着努力在新员工面前获得机会。如果有人准备好了，他们就会介入。如果他们还没有准备好，即使再大的说服力和强制力也不能让他们工作。如果你的团队成员没有回应，那么在接下来的几个月里，你再发展5~10个。

问:对于一个新经销商来说,成功是什么样?

答:每个经销商的成功是不同的。我认为真正的成功就是克服挑战取得进步。当一个人经历了突破,然后经历了成长,他们就会感到成功。例如,当一个新的分销商发展一个新的经销商或新客户签约,他们感到成功。当一个人达到新的生活方式目标或实现他们的下一次晋升时,他们会感到成功。所以达到一个新的里程碑总是体现了成长,可以转化为成功。今年我有4个直升机的目标,每次我完成一个目标,我就会感到成功。举个例子,一个目标是用我自己的直升机带朋友飞越死亡山谷吃午饭。到目前为止,我已经跟朋友们进行了几次旅行,感觉很成功,因为我实现了目标。我有一个飞行涡轮直升机的目标。我计划、安排、付了钱,几星期前就实现了!这创造了成功的感觉。

问:在这个行业中,你觉得经销商面临的最大挑战是什么?

答:最大的挑战第一是心态,其次是技能。技能相对容易快速地学习。权力的价值观、信仰和哲学的转变是最艰难的挑战。焦点的转移通常会打开通往成功的闸门。我的目标通常是让一个经销商看到他们以前看不到的东西。挑战很少是一个技能问题。要学会通过释放过去的失去影响力的信念克服更大的挑战。

问：如果我的公司降低价格，我可以建得更快！为什么网络营销公司要收取这么多的费用来注册呢？

答：想想当别人买你的生意时，他们会得到什么。做一个列表，慢慢地呈现每一项利益，这样你的潜在经销商就能真正理解他们所得到的。对于一个能够产生大量被动剩余收入的企业来说，500～5000美元是一笔小额的启动费用。这一潜力比大多数传统企业要大得多，这些企业的起步成本在10万～100万美元以上。加上开始兼职没有无限雇佣员工的情况。每月500美元的收入（每年6000美元）是1000美元投资600%的回报。大多数企业需要数年才能实现收支平衡！在网络营销中，你的风险很小，在你的第一个月里可能会盈利，更不用提从那些已经实际创建的领导者那里获得商业教育。诚然，没有任何担保，但与其他选择相比启动成本相对于收入潜力和可能的生活方式好极了。我想要挑战你去寻找任何花费100万美元或者更多的传统企业，具有潜在的每月10万美元剩余收入，海滩财富收入！500～5000美元是一个很小的代价。

问：说真的，如何做到每月收入10万美元呢？

答：四件事：1.信念；2.关系；3.大规模的行动；4.时间。

这将是你一生中所做过的最艰难、最有益的事情。当你脱下手套，"全力以赴"的时候，它就会发生。当你不再关心别人怎么想的时候。当你意识到公司成功的原因是你，而不是彩票的时候。当你意识到这是一个简单的等式，它只需要一个意志来赢得大量的行动的时候。一个月10万美元的收入，是为那些能够重新定义艰难的挑战，并在其中找到机会的人保留的。如果你没有关系，要知道其他人开始的时候也没有。没有怀疑的余地。怀疑会扼杀梦想。

大规模的行动意味着每天3～5个演讲。不是永远，只是一段时间。

如果这看起来很多,那么每个月100000美元的价格就不适合你了。这是必须的。时间很重要,但不是你想的那样。时间是由你的愿景、信仰和时机已到的想法创造出来的。我有上百个朋友做过这件事,所以我知道你可以做到。你是否会这样做取决于你自己。还有一件事:那些获得大奖的人不会让任何事情阻止他们。放弃不是这个等式的部分。换句话说,在工作完成之前不停止。用亿万富翁肯尼特拉特的话来说,"看穿这份工作"。

问:作为一个领导者,我的团队里有人提升,我挣的钱就更少。似乎适得其反。为什么我要帮助人们提升而最终让自己的钱更少?

答:我早就被告知,我应该努力把钱交在新朋友手里。换句话说,给新人继续工作的理由。实际上,这意味着在健康组织中工作协助他们提升。我被告知我会有剩余的收入(领导的佣金和他们所得到的东西之间的细微差别)。然后教团队来做同样的事情!大多数人花了这么多时间追逐大笔的钱,但他们忘了大钱在小钱里面。所以他们到处追逐金

钱,希望总有一天会变得富有,却没有意识到大钱其实在硬币里!

追求金钱是一个线性思考者的策略。这是用时间换金钱。如果你想继续这样做一生都在努力工作,也不错。最富有的人几乎总是所收收入中所占比例最小。Ray Kroc的家庭在销售汉堡,每个只得到几分钱。但他们获得财富确保被特许人得到了大部分的收益!

记住,保罗盖蒂说过,"我宁愿有100个人努力的百分之一,也不愿我自己百分之百的努力。!"

问:听着我的导师给我的材料和建议,我每个星期都在成长。他们是我最大的支持。我最大的问题是我只有20岁,我觉得在和潜在的人交谈时没有足够的可信度。作为一名年轻的女士,我经常觉得自己不被认真对待,觉得人们只会把我看成一个被吸进"金字塔骗局"的女孩。关于如何提高我的信誉和姿态,有什么建议吗?

答:每个人都有自己的故事……这些故事赋予他们力量,让他们保持在正确的位置,或者使他们完全废掉。你的故事是真的！只要你继续拥有它，你就会继续奋斗。事实是，有许多年轻的企业家就是在20多岁时建立了非常大的成功的企业。他们每个人的故事都和你的不一样！互联网革命就是由二十多岁的孩子们创造的！甚至有一些成为亿万富翁。好好利用这一点！大多数孩子都不想和他们的父母一样。这是历史上第一次，成年人会去向孩子们寻求商业上的建议。那么，你怎样把自己定位成一个才华横溢的年轻企业家，让你这一代不像父母一样工作40年最终破产？

问：你相信多重收入来源吗？

答：我通过网络营销赚钱。最终提供的时间杠杆，这是金融自由的关键。我没有把挣的钱存入银行账户，而是购买银行拥有的房地产，并得到租金。我聘用物业经理。我以5000美元的价格在这个城市买一所银行拥有的房子，然后以2万美元的价格进行翻修。估价在5万~11万美元。然后我以每月1000美元的价格租出去，获得50%的现金回报，再加上25000~85000美元的即时股票。网络营销给了我一笔钱来做这样的交易。

我不认为网络营销机会越多越好,因为你的时间太分散了,每件事都会遇到困难。但是你需要在一个地方存储网络营销的收入,训练自己有机会投资,帮助资本净值保持增长。

推荐阅读

How to Get Absolutely Anything You Want: In Six Practical Doable, Time Tested Steps by Margie Aliprandi

MLM Blueprint™: Your Subconscious Journey to Network Marketing Success by Kody Bateman

Promptings by Kody Bateman

The Four Year Career for Women by Kimmy Brooke

Mach II With Your Hair on Fire and The Four Year Career by Richard Bliss Brooke

The Four Year Career by Richard Bliss Brooke

How to Win Friends & Influence People by Dale Carnegie

Fearless Networking by Todd Falcone

The 45 Second Presentation That Will Change Your Life by Don Failla

The Greatest Networker in the World by John Milton Fogg

Making the First Circle Work by Randy Gage

25 to Life by Adam Green

Right or Almost Right by John Haremza

The Magic of Compound Recruiting by Hubert H. Humphrey Rich Dad, Poor Dad by Robert T. Kiyosaki

The Millionaire Maker's Guide for Creating a Cash Machine for Life by Loral Langemeier

Swim with the Sharks Without Being Eaten Alive by Harvey B. Mackay

The Harvey Mackay Rolodex Network Builder by Harvey B.Mackay

The Choice by Og Mandino

Truth or Delusion by Ivan R. Misner

The Slight Edge by Jeff Olson

Brains on Fire by Robbin Phillips, Greg Cordell, Geno Church, Spike Jones

The Next Millionaires by Paul Zane Pilzer

推荐阅读

Rock your Network Marketing Business by Sarah Robbins

Mindset Before Matter for your Network Marketing Journey by David Ross

Start with Why by Simon Sinek

Big Al Tells All by Tom "Big Al" Schreiter

Yes, Sometimes It Is About the Money by Steve Schulz

The Magic of Thinking Big by David J. Schwartz

The Game of Networking by Rob Sperry

Be, Do and Have More by Presley Swagerty

The Referral of a Lifetime by Tim Templeton, Ken Blanchard, and Lynda Stephenson

GoPro by Eric Worre

Quotes and Confirmations by Beyond Wynn

Your First Year in Network Marketing by Mark Yarnell and Rene Reid Yarnel